人が動く、まちを変える

江戸川区のオリ・パラ大会とその後

イースト・プレス

はじめに

スポーツ、そしてその最大イベントのオリンピック・パラリンピックには、人を動かす力、まちを変える大きな力がある。

世界のトップアスリートたちによる、心身を鍛え磨き上げた成果、パフォーマンスの競い合い。障害に負けず「残された機能」を最大限発揮して戦うパラ・アスリートたち。その姿が人の心を打ち、夢や希望を与えたり、目標に向けて励む大切さを教えてくれたりもする。感銘を受けて、より熱く応援しよう、選手たちと一体感を得ようと何度も競技場に足を運ぶファンも増える。

2019年ラグビーW杯は、多くの〝にわかファン〟を生み出す盛り上がりを見せた。大会後も余波がつづき、多くの人を試合会場に向かわせている。競技志望の子どもたちも激増しているという。スポーツ大会が盛り上がれば、観戦者や競技人口が増え、各地の競技場や周辺に多くの人がやって来る。人が動けば、まちも変わる。活性化する。最近よく指摘される「スポーツツーリズム」「スポーツまちづくり」などにもつながる。

江戸川区では、葛西のカヌー・スラロームセンターで、オリンピック競技が行われる。さらに区は、会場近くに開設した新左近川親水公園カヌー場と合わせて「カヌーのまち」「カヌーの聖地」にしていこうと取り組み、大会盛り上げとともに小中学生はじめ区民へのカヌー普及活動に力を入れている。カヌーは、水を（その怖さを含め）知ることやエコロジーにつながる「水辺のまち」に相応しいスポーツ、レジャーともいえる。

区はさらにパラスポーツ先進国のオランダとの連携事業により、まちのバリアフリー化などを進め、誰でも安心して暮らせる「共生社会」の実現を推進しようとしている。パラスポーツの力を活用する取り組みだ。

また、区内では、町工場が集まって、アーチェリー弓具の「国産化」と、この地域をその「一大生産拠点」にしていこうとのプロジェクトを進めている。第1号商品を米国ラスベガスのアーチェリー国際大会「ベガスシュート」（毎年2月開催）に出展するまでになっている。この世界市場に向けた取り組みも、地元でのアーチェリー人気の盛り上げが後押しになる。

これらの取り組みは本書第Ⅱ部にまとめた。大会の盛り上げによって弾みをつけられるかどうか。その盛り上げの主役となるアスリートや競技は、第Ⅰ部で紹介している。区内の身近な選手、なかには先輩・後輩もいるだろう。講習会などで区民を指導してくれた内外の選手もいる。また、江戸川区には「スポーツ夢基金」という地元アスリートの夢を後押しする制度がある。寄付金によるこの独自の制度で応援をしてきた選手が、力を発揮し、夢をつかみ、活躍してくれれば、感動、喜びも一段と大きくなるだろう。

東京に世紀の祭典を迎えるのは2度目となるが、1964年の大会とは環境も内容もずいぶん違う。これから高度成長という前回は、新幹線や高速道路やさまざまな施設の建設もプラス面だけが指摘され、実際に成長に弾みをつける契機や推進力になった。低成長時代では、莫大な予算が投じられた夢の跡に残るのは「負の遺産」だけ…との惨状も招きかねない。それだけに今回は初めから「大会レガシー（プラスの遺産）」の創出が重視、強調されてきた。区の取り組みは、そのレガシーづくりの「江戸川区版」ということになる。実際にプラス遺産にしていくには大会後の取り組みがなお重要になる。

本書は、このような観点からのオリンピック・パラリンピックの迎え方、楽しみ方を考え、さらにその後《あと》、大会を振り返って各種の取り組みを検証、進める参考になれば…、とまとめた。

今大会では、ボランティアも重視され、運営上大きな役割を担う。参加希望者も多かったようだ。オリンピックといえば「参加することに意義がある」の言葉が強調されるが、ボランティアなども立派な「参加」の方法といえる。

私がボランティア活動に取り組み始めて30年以上たつが、この間、江戸川区においても阪神・淡路大震災、東日本大震災が、ボランティア活動を大きく普及させ活発化させる契機になった。今回は災害ではなく祭典が、その機運を高める山になる。これを機にさらにボランティア活動やボランティア習慣が普及・定着していくこと、それがオリンピック・パラリンピックの大きな大会レガシーになることも期待したい。

本書では、江戸川区のさまざまな担当部署のみなさんから取材の協力とともに多くの資料の提供をしていただいた。

また、企画、取材から編集まで、山本和雄氏（ＲＲＣ出版）に多くを担ってもらった。小野稔夫氏にも大いに協力してもらった。

皆様のご理解とご協力に深く感謝したい。

二〇二〇年三月

小久保　晴行

人が動く、まちを変える　目次

第Ⅱ部 これが江戸川区の「オリ・パラ・レガシー」だ！ 149

第Ⅰ部

ともに夢を、挑戦、感動を！

——地元ゆかりの選手・競技

1　オリンピック

東京オリンピック大会では、200以上の国・地域の約1万2000人の代表選手が33競技339種目で熱く戦う。トップアスリートたちの4年に1度の真剣勝負。どの競技も刺激的で見どころ豊富のはずだ。そのなかでも特に注目したい競技や選手は人それぞれだろうが、一般的に人気が高い競技としては、新国立競技場で行われる男子4×100mリレーに大きな期待がかかる陸上競技をはじめ、水泳、体操、野球、サッカー、卓球、バドミントン、バレーボール、柔道、空手などが挙げられている。若者にはスケートボードやスポーツクライミングなどの注目度が高いという。いずれも日本選手・チームのメダル争い、トップレベルの活躍が期待されている競技だ。そこに地元のアスリート、長く注目・応援をしてきた選手がいれば、声援にもさらに力が入る。その戦いにはわがことのように一喜一憂させられることだろう。

江戸川区ゆかりのアスリートといえば、まず前回リオ大会の前から区民がずっと応援をしてきた世界のスイマー、池江璃花子選手がいる。池江選手は東京大会を目の前にして病との闘いを強いられ、目標を次のパリ2024大会に定め直して再びスタートを切ったところだ。

区ゆかりの選手には、池江選手のように地元で生まれた育った人に加え、現在区民になって活躍しているアスリート、あるいは大会盛り上げイベントや講習会などでハイレベルのプレーを見せてくれたり区民を指導してくれたりして近しくなったアスリートもいる。

これらの区ゆかりの選手には、大会に向けて熱く戦い、実際に夢の舞台に立つことができたら、思う存分力を発揮してほしい。それを期待してしっかり応援をしたい。

ここで紹介する選手以外にも多数のアスリートが東京大会をめざして戦ってきているはずだ。池江選手のようにすでに次の大会をめざして挑戦を始めている選手もいるだろう。今大会の盛り上がりは次代を担う選手たちの後押しにもなる。

競技なら、葛西で実施されるカヌー・スラロームがある。「カヌー区に！」と区が取り組んでいる競技だ。また、「弓具の国産化」で「江戸川区のものづくり」の心意気を国内外に示していこうと町工場の「下町アーチェリー」プロジェクトが進められているアーチェリーも大いに注目して、声援を送りたい競技だ。

各種イベントなどで確実にファンを増やしてきたリオ大会のカヌー・スラロームのメダリスト、羽根田卓也選手をはじめ日本選手の活躍で、それぞれの競技の注目度を高め、大会を盛り上げることができれば、これらの区の取り組みにも大いに弾みがつくと期待されている。

柳田将洋主将の全力プレーに期待膨らむ！

●バレーボール

バレーボールは、前回の東京1964大会では「東洋の魔女」旋風を巻き起こして全国を熱狂させた。同大会では、女子の金に対して、男子も銅メダルを獲得した（バレーボールが正式採用された最初の大会だった）。

その後、男子はミュンヘン1972大会で念願の金メダルを獲得。女子も、2大会銀メダルの後、モントリオール1976大会で金メダルを奪回するなど、華々しい活躍がつづいた。だが、近年はメダル争いから遠ざかり、ロンドン2012大会でようやく女子が28年ぶりに銅メダルを獲得した。

この〝復活劇〟を東京で再現できるか。

男子バレーは3大会ぶりの出場。そのメンバーの選抜、チームづくりを兼ねた「日本バレー復活」をめざす戦いが展開されてきたなかで常にチームをまとめ、熱くリードしているのが、江戸川区出身の柳田将洋《まさひろ》選手だ。

柳田選手は、男子全日本代表チームのキャプテンで、バレーボールだけでなく、各種イベントやTVコマーシャルなどでも活躍している。

江戸川区の代表的な「わがまちアスリート」だけに、区でもホームページのスポーツ情報サイト「えどすぽ！」で、次のように紹

新設された有明アリーナで熱戦が展開される

介し、応援を呼び掛けている。

「柳田将洋さんは、平成４年（１９９２年）生まれの区内出身のバレーボール選手です。

小学生時代は小岩にあるクラブチームに所属し、チームを日本一に導いています。柳田選手は、この頃から既に頭角を現していました。

中学・高校では、区外のバレーボール強豪校に進学し、高校生の時には春高バレーを制覇しました。区は、この成績により『スポーツ栄誉賞』を授与しています。

大学を卒業後は、Ｖプレミアリーグ（現Ｖ・ＬＥＡＧＵＥ）で活躍した後、２０１７年よりプロ選手として海を渡り、ドイツのブンデスリーガ、ポーランドのプラスリーガの舞台で活躍中です（2019年2月まで）」

少し説明を加えると、柳田選手は東洋高等学校（千代田区神田三崎町）在学中の2010年（平成22年）3月、高校バレー選手の憧れである「春高バレー」（現・全日本バレーボール高等学校選手権大会）に出場し、同校の主将、エーストライカーとして全国制覇を成し遂げた。なお、同校の少し先輩のオリンピアンに男子体操の金メダリスト、内村航平選手（長崎県出身）がいる。

春高バレーを制した柳田選手は、2011年慶応義塾大学に進学。大学でも、実力、人気を兼ね備えた中心選手として活躍し、在学中の2013年に全日本メンバー（龍神NIPPON＝別項参照）に登録された。


プロ転向後、ドイツのブンデスリーガ1部のTVインガーソル・ビュールに入団。2018年3月、ドイツカップ決勝戦に日本人選手として初めて出場し、敗れたものの両チームで最多得点をマークしてMVPに輝いた。同月、日本代表チーム主将に就任している。

同年、ポーランドのクプルム・ルビンに移籍（1年契約）。2018／2019シーズンで、MVP、ベストプレイヤー賞を各2試合受賞するなどの活躍を見せたが、2019年2月、試合中のケガの治療のために帰国することになった。

柳田選手は治療後、「（ポーランドでは）最後まで戦えなかったけど、とりあえず今できることはこのポーランドのシーズンが成功だったと言えるようにすること！」（柳田選手のツイッター）との決意を示し、東京オリンピックに向けて再スタートを切った。

前出の「えどすぽ！」は、「メダル獲得のためには柳田選手の活躍が不可欠です。海外での武者修行の成果を日本代表で発揮し、オリンピックの舞台で大活躍してほしいですね。皆さんも、柳田選手を応援しましょう！」と締めくくっている。

オリンピックでは、やはり海外武者修行を経験しているアタッカーの石川祐希選手（愛知県出身、イタリア・セリエA）とともに大車輪の活躍が期待されている。

龍神ＮＩＰＰＯＮは、本番前年のワールドカップ２０１９男子大会で、１９９１年以来の４強入りを果たし、「次はいよいよメダル奪回！」と期待を高めている。

龍神ＮＩＰＰＯＮには、柳田主将が春高バレーを制覇したときに司令塔として活躍した１学年下のセッター、関田誠大選手（江東区出身、堺ブレイザーズ）や、長く全日本のエースアタッカーとして活躍しながら大きなけがで1年以上治療をつづけて復活した清水邦広選手（福井県出身、パナソニック・パンサーズ）らがいる。ワールドカップでは、ニューヒーローも誕生している。２０００年生まれの西田有志選手（三重県出身）だ。高校を出てVリーグに入り、前年に日本代表デビューを果たしたばかり。強烈なサーブとアタック力にさらに磨きをかけてオリンピックに臨むサウスポーだ。

　なお、区ゆかりのバレーボール選手では、2017年（平成29年）の春高バレーを、駿台学園2年生のときに初制覇した伊藤洸《ひろ》貴《き》選手（区立松本小卒業）が、中央大学で石川祐希選手の後を継いで活躍中だ。区では「東部・鹿骨ゆかりのアスリート」として応援を呼び掛けている。

　区ゆかりのオリンピアンには、アテネ2004大会に出場した大山加奈さんがいる（第Ⅲ部「フラッグツアー」参照）。大山さんは現・下北沢成徳高校や東レアローズでアタッカーとして活躍。力強いスパイクで「パワフル・カナ」と呼ばれていた。現在は日本バレーボール協会広報委員など。マスコミなどにも登場してバレーボールの普及に努めている。後輩たちの活躍をともに期待したい。

〈会場・有明アリーナ＝江東区有明〉

観戦ノート

6人制とラリーポイント

　バレーボールは19世紀末にアメリカで生まれた。「バレー」の名はテニスの「ボレー」（ボールが地面に落ちる前に打つプレー）から。ボールを落としてはいけない唯一の球技が、このバレーボールだ。

　日本には明治時代（20世紀初め）に伝わり、ルールがあいまいななかで10人以上の時代をへて9人制バレーが定着した（年配者にいまも親しまれている）。一方、欧米では早くから6人制が普及、第2次大戦後設立された国際バレーボール連盟も６人制を採用。国際舞台への進出をめざした日本も１９５１年に連盟に加盟、６人制を取り入れることになった（９人制も残って併存、現在も全国大会がある）。

前回の東京１９６４大会では、当時の規定で開催国が新競技を２競技まで選ぶことができたため、柔道（男子のみ）とともにバレーボールが選ばれた。女子バレーボールは、オリンピックの最初の女子団体競技になった。

日本チームは、９人制で戦ってきた選手を６人制チームに編成し直して、「回転レシーブ」などの技で旋風を巻き起こした。

試合は現在、１セット25点の５セット制だが、当時は１セット15点。ただし、サーブ権を持つ側がラリーを制したり相手がミスや反則を犯したりしたときにだけ得点が入り、サーブ権を持たないチームがラリーを制してもサーブ権が移るだけというサイドアウト制だった。このルールではサービス権の移動が繰り返されて試合が進まないことが多く、１９９９年に試合時間の短縮のために現在の１セット25点のラリーポイント制が導入された。サーブ権の有無にかかわらず得点が入る。ただ、24対24（ジュース）になると、どちらかが２点リードするまでつづけられる。５セット目は15点のラリーポイント制で行われる。

また、チームには１人の守備専門のリベ

ロ選手を指名できるようになった。リベロはサービスやブロックはできない。ユニフォームも別の色。

データ&メモ

「龍神NIPPON」など日本代表の愛称

「なでしこジャパン」（女子サッカー）や「サムライ・ジャパン」（野球）など、ナショナルチームが愛称で呼ばれることが多くなった。

バレーボールの代表男子は「龍神NIPPON」。女子は「火の鳥NIPPON」。日本バレーボール協会が2009年に一般公募して決定した。

ほかの日本代表の愛称には次のようなものがある。

「SAMURAI BLUE（サムライ ブルー）」（サッカー男子）

「トビウオジャパン」（競泳・男女）

「マーメイドジャパン」（アーティスティックスイミング）

「翼ジャパン」（飛び込み・男女）

「クルージャパン」（ボート・男女）

「ポセイドンジャパン」（水球・男女）

「AKATSUKI FIVE（アカツキ ファイブ）」（バスケットボール男女）

「サクラセブンズ」（ラグビー男女＝オリンピック競技は7人制）

「彗星《すいせい》ジャパン」（ハンドボール男子）

「おりひめジャパン」（ハンドボール女子）

「フェアリージャパン」（新体操）
「雷神ジャパン」（空手＝新種目）
「韋駄天スプリンターズ」（陸上男子ナショナルリレーチーム）
「椿スプリンターズ」（同女子チーム）
　ほかにも多くの愛称があるが、「なでしこ」「サムライ」ほど普及しているものは少ない。チームが活躍してこそ、「広く親しまれる愛称」になる。「サムライ」や「サクラ」は複数の競技で使われている。
　パラリンピックにも、ボッチャの日本代表の「火ノ玉ジャパン」のように、すでに広く知られ始めている愛称もある。

観戦ノート

2人制のビーチバレー

　バレーボールではやはり人気の高いビーチバレーボールも実施され、開催国枠で男女1チームずつ出場する（世界ランキングにより1枠増える可能性も）。ビーチバレーは、6人制バレーボールから派生した2人制球技。アメリカの西海岸で親しまれていた砂浜のスポーツが発祥とされている。砂浜のコートは、8m四方（6人制は9m四方）×2にネット（6人制と同じ高さ）を張る。ボールはやや柔らかくなっている。
　ルールは、「チッププレー（指の腹を使ったフェイント）の禁止」など6人制と異なる。1セット21点のラリーポイント制で、

2セット先取で勝つ（3セット目のみ15点先取）。

　1996年のアトランタ大会から正式競技に採用されている。

〈会場・潮風公園＝品川区東八潮〉

18歳のエース！ 西村碧莉選手

●スケートボード

　東京2020大会では、若者に人気の「アーバンスポーツ」と呼ばれる都市型の新しい形の競技が正式種目として追加採用され、大会の大きな特徴のひとつになっている。スケートボードやスポーツクライミングなど4競技（別項参照）で、これらが正式種目に決まってから、国内でもその施設や大会、競技人口などが急増し、マスコミも盛んに取り上げるようになった。

　大会では、最初の開催国・日本の選手の活躍が期待されている。国際大会でトップ争いを演じて世界に名を轟かせている選手が何人も出ている。その代表的な選手が江戸川区生まれのスケートボーダー、西村碧莉《あおり》選手だ。

　西村選手は、15歳から挑戦している国際大会で活躍しつづけ、2019年1月には第1回世界選手権で優勝、並みいる世界の20代強豪選手を抑え、17歳で初代女王に輝いた。期待の若きエースだ。

２００1年7月31日生まれ。オリンピックのスケートボード（ストリート）決勝の日はまだ18歳（直後に誕生日）。

区のホームページ中の『えどすぽ！』では次のように紹介している。

「西村選手は、西小松川町生まれの女子スケートボード選手です。父親、２人の姉もスケートボードを楽しむ『スケボー一家』で育ちました。７歳からスケートボードを始め、小学5年生の時にはＡＪＳＡ（日本スケートボード協会）主催の全国大会で優勝するなど、才能を開花させ、今では世界を舞台に活躍しています。２０１６年には、エクストリームスポーツの最高峰である『Ｘ‐ＧＡＭＥＳ』や、全世界のスケートボーダーの中から選ばれた8人しか出場できない『ＳＵＰＥＲ ＣＲＯＷＮ』に出場し、世界に名を轟かせました。

その勢いはとどまることを知らず、２０１7年、日本で初めて開催された日本選手権を制して初代チャンピオンに輝いたのをはじめ、再び挑んだ『Ｘ‐ＧＡＭＥＳ』で優勝。その後はケガに苦しみますが、２０１９年、初めて開催された世界選手権で優勝し、今や世界で最も有名なスケートボーダーのひとりとなりました」

西村選手は、東小松川小学校、松江第一中学校出身。木下グループ所属。

小・中学校は、大分年齢は離れているが、ともに筆者（小久保）の後輩だ。現在は通信制の高校で学びながら国内外を転戦している。

スケートボードは、80㎝前後の細長い厚板の前と後ろに小さな車輪を2つずつつけて地面を滑るように進む。

競技としてのスケートボードはさまざまなものがあるが、オリンピックで採用されたのは、「ストリート」と「パーク」の2種類。

西村選手が活躍している「ストリート」は、その名のとおり、街中に実際にあるような階段や手すり、縁石、ベンチ、壁や坂道などを模した直線的なセクション（構造物）を配したコースで行われる。選手は1人ずつ、それらのセクションを利用しながら、ジャンプ、空中動作、回転などのさまざまなトリック（技）を繰り出し、技の難易度や高さ、スピード、オリジナリティ、完成度などが評価、採点される。

選手は、手を使わないでボードとともにジャンプする「オーリー」という技でレールやレッジ（縁石）に飛び乗ったり降りたりと、難しいテクニックを繰り出して観客を沸かせる。

もうひとつの「パーク」は、大きな皿や深いお椀をいくつか組み合わせたような複雑な形をした窪地状のコースで、その形状を生かして滑走、跳躍、特殊なトリックを繰り出す。お椀のような窪地の上部はほぼ垂直で、底の曲面から一気に昇って空中へ飛び出す「エア・トリック」が最大の見せどころとされている。

冬の2014年ソチ、2018年平昌オリンピックで連続銀メダルを獲得した平野歩夢《あゆむ》選手（新潟県出身、木下グループ所属）が挑戦していることでも話題になっているのが、このパークだ。

「ストリート」「パーク」ともに制限時間内であればコース取りやトリックの順番、種類はすべて自由。採点では全体の流れやダイナミックさ、安定感なども考慮され、総合的に評価、数値化される。

西村選手はかつて区が開いたイベントにコメントを寄せ、

「スケートボードの魅力は、超えても超えても新たな壁が現れるところと、技の数が無限にあるところです。新しい技に挑戦して成功したときはすごくうれしいです。スケートボードからは、何度も続けることの大切さを学びました。将来は、プレースタイルが格好よく、みんなが憧れるようなスケーターになりたいです」

と語っていた。それが実現、前述のように初代世界チャンピオンに。「X・GAMES」（ストックホルム）では大会2連覇を達成、次はオリンピックだ。

姉の詩音選手や学生スケーター庄司選手

西村碧莉選手の3歳違いの次姉・詩音《ことね》選手（1998年11月生まれ、木下グループ）も、オリンピックをめざしているトップ・スケーターだ。全日本で優勝（2013年）、準優勝を重ね、世界大会でも準優勝（ダム・アム・ロサンゼルス2019）などの活躍。2019年に国際的・全国的な競技大会で活躍した選手に贈る「江戸川区スポーツ栄誉賞」に碧莉選手らとともに輝いている。

この西村姉妹につづく女子の有力スケートボーダーが庄司七海《ななみ》選手（1998年11月生まれ）だ。2018年の全日本選手権女子5位、同年のAJSAアジアンオープン女子2位。

庄司選手は、目白大学人間学部子ども学科の学生で、子どもたちへのスケートボードの指導、啓発活動などにも熱心に取り組んでいる。

東京都がオリンピック・パラリンピックをめざす地元アスリートを応援する2019年の「東京アスリート認定選手」（後出）にもなっている。

庄司選手は、その選手紹介の「スポーツTOKYOインフォメーション」に、

「私の目標は、2020年の東京オリンピックに選手として出場することです。スクールの講師としては、世田谷区や新宿区、江戸川区などで開催されたスケートボード体験会に携わらせて頂き、沢山の子どもたちにスケートボードの楽しさを『教える』という機会があったことから、大学で学んでいる保育士という職業も活かせた事にやりがいも感じました。去年のオリンピック選考会では、5位と

いう成績を残せたことから今年ではさらに上を目指し、認定強化選手となれるよう日々努力していきたいと思います」

とのコメントを寄せている。

スケートボードの男子選手では、2018年にプロ世界最高峰ツアーで3連覇を果たした堀米雄斗選手（1999年1月生まれ、XFLAG所属）がメダル候補。隣の江東区出身選手で、2019年8月に西村選手が制覇した「X・GAMES」でも優勝。ストリートを得意とするが、パークでも力を発揮する選手だ。

ほかにも多くの若手スケートボーダーが大きなチャンスを窺っている。前回の東京1964大会や筆者の世代からは想像もできないほど変化してきたスポーツの世界。それを代表するような競技で、10代、20代のプロの選手が世界を舞台に覇を競っている。

〈会場・有明アーバンスポーツパーク＝江東区有明〉

ジャンプ台や障害物の設置など工事が進む有明アーバンスポーツパーク（2020年２月）

データ&メモ

スケートボードの歴史と競技

スケートボードの発祥の地はアメリカ。1940年代頃、木の板に鉄製の戸車などを付けて滑った遊びが始まりという。

日本では1970年代に若者を中心に普及。各地にスケートボード場がつくられ、競技会も開かれるようになった。同時に安全面も考慮されて、自転車用ヘルメットやプロテクターの装着が定着してきたという。

1982年（昭和57年）に全日本スケートボード協会（現・一般社団法人日本スケートボード協会）が設立され、国内大会やプロ認定制度も実施されている。

国際大会は1994年にワールドカップ、翌1995年には、のちに西村選手が連覇を果たすスケートボードを中心とするスポーツイベント「X-GAMES」、2010年にはプロ選手のワールドツアー「ストリートリーグ」が始まった。

スケートボードの競技には、オリンピック競技の「ストリート」「パーク」のほかに、「バーチカル」（スノーボード競技の「ハーフパイプ」のようなU字型やお椀状のコースで連続してトリックを行う採点競技）、「スラローム」（スノーボードやカヌーのように旗門の間を縫って進む競技）、「ダウンヒル」（長い下り坂を滑走し

五輪に向けて設立された日本アーバンスポーツ支援協議会の発足イベントでスケートボードの技を披露する選手(2018年1月・渋谷)

て速度を競う）、「フリースタイル」（競技場で音楽に合わせて自在にスケートボードを操る技術を競う）などがある。

データ&メモ

アーバンスポーツとクライマー

上村悠樹選手

アーバンスポーツは、街中の狭いスペースで練習や試合を行うことができるうえ、ＢＧＭを流して、野外コンサートのように行われ、若者を中心に欧米では非常に人気が高くなっている。「スポーツ観戦方法を変える」「若者的なオリンピックとして大会を盛り上げる」ために、国際オリンピック委員会（ＩＯＣ）が追加競技として採用したという。「スケートボード」のほか、「3×3バスケットボール（3人制）」、「スポーツクライミング」、「自転車BMXフリースタイル・パーク」の計4種目だ。

スケートボードと同じ有明アーバンスポーツパークで行われるのは「BMXフリースタイル・パーク」だ。専用のシンプルで頑丈な自転車BMXで急斜面などを用いてジャンプの高さや空中技などを競う（BMXで大小さまざまなジャンプなどのある300～400mのコースを走る「レーシング」は北京2008大会から採用されている）。

青海アーバンスポーツパークが会場となるのは、「3×3バスケットボール」と「スポーツクライミング」。

スポーツクライミングでは、各選手が次の3種目を行い、合計点を競う。

「スピード」（高さ15mの壁を登る速さを競う）

「ボルダリング」（高さ4mの壁を制限時間内にいくつ登れるかを競う）

「リード」（制限時間内に高さ15m以上の壁のどの地点まで登れるかを競う）

本大会に出場する選手は男女各20名。各国・地域男女それぞれ最大2名。日本は開催国枠を含め男女2名ずつ出場するが、代表の選考方法をめぐって日本の協会と国際連盟が対立、スポーツ仲裁裁判所に提訴する騒ぎまで起きた。

今大会の代表とはならなくても将来のクライミング界をリードしていく選手のひとりが江戸川区の上村悠樹《うえむらはるき》選手（２００４年５月生まれ）だ。東京アスリート認定選手にもなっている。区立清新第一中学２年生のときに出場した２０１８年のジュニアオリンピックカップ（ユースＢ）男子４位。２０１９年８月の世界ユース選手権（イタリア）ではリードのユースＢ（２００４、０５年生まれの選手）男子２位（日本勢が表彰台を独占）。伸び盛りのなか、どこまで実力アップできるか。東京都山岳連盟の２０１９年度スポーツクライミング競技のジュニア強化選手にも指定されている。

なお、東京湾臨海部の有明と青海のアーバンスポーツパークの会場は、五輪の伝統競技とは観戦スタイルも一線を画し、ＢＧＭが流れ、立ち見席も設けられる。

さらにチャレンジ！東島星夜選手

●テコンドー

２０１９年２月開催の日本テコンドー選手権大会の54kg級で優勝、見事に３連覇を達成し、「次は世界、東京オリンピックだ！」と期待を集めてきたのが、江戸川区南篠崎在住の大学生、東島星夜《ひがしじませいや》選手だ。

東島選手は、待望の地元開催のオリンピック代表の座に手の届くところまで行ったが、惜しくも一歩及ばなかった（詳細は後述）。だがまだ10代の有望選手。先は長い。

テコンドーといえば同年、全日本テコンドー協会の強化方針などをめぐり選手側との対立が大きな騒ぎになり、協会は新体制で東京大会を迎える。

テコンドーは韓国で生まれた格闘技で、空手と似ているが、動きが大きく、回し蹴りや、うしろ回し蹴り、とび蹴りなどの蹴りを中心とした連続技に特徴がある。その多彩な足技から「足のボクシング」とも呼ばれる。

試合では防具を着用。1回2分の3ラウンド制（インターバル1分）で、胴プロテクターなどの「ターゲット」に技を決めるとポイントになる。蹴りは腰から上、パンチはボディーのみ。腰より下への攻撃や手による顔面攻撃などは禁止。勝敗はポイントによるほか10カウントのノックアウトでも決まる。

ソウル1988大会で公開競技に採用され、シドニー2000大会から正式競技になった。その大会で日本の岡本依子選手が女子67kg級で銅メダルを獲得した（岡本さんは前述の協会の対立、内紛当時の副理事長で、テレビなどでは選手側に立って発言した）。

世界200カ国以上に8000万人の愛好者がいるといわれる。日本でもオリンピック競技に採用されて学ぶ人が多くなったようだ。シドニー・オリンピックの2000年8月に生まれた東島選手もその1人で、みるみる才能を発揮して中学生の時にジュニアの全

千葉の幕張メッセではテコンドーはじめさまざまなオリ・パラ競技が

国チャンピオンになった。

　東島選手が高校生だった2018年8月、江戸川区ゆかりのアスリートを紹介する広報番組「輝石の魂」に登場し、テコンドーを始めるきっかけとして、5歳のときから空手を習っていたが、テレビで流れたテコンドーの映像を見て、「切れ味のある技に魅了された」と語っている。足を鋭くさばく、スピーディな技に魅《ひ》かれ、テコンドーの道に進む。テコンドーならオリンピックをめざせる、ということも背中を押したようだ（空手は本大会が初採用）。

　篠崎中学校時代にはジュニア選手権の55kg級で優勝。全国のトップに立ち、しかも、その後、連覇も果たしていく。

東島選手の強さは、他の選手が中段を狙うのに対して、より足を高く上げて、上段、頭部を狙う蹴りを得意とするところ、それだけ高さもスピードもある蹴りを持っている点にある。東島選手自身、そこが強みと語っている。上部（頭部）への蹴りは、胴の部分の蹴りよりポイントが高いだけに、それを得意技にすると有利になる。

東島選手を小学生（篠崎二小）の頃から船橋市の道場（「ヨンソン・テコンドー」船橋本部道場）で指導してきた師範の金容星《キム・ヨンソン》さんは、東島選手の強さの秘密は、並外れた股関節の柔らかさにあると指摘している。だから片足を高く上げて、スピーディに蹴ることができる。両足が垂直に鉛筆のようになるほど上げることもできる。その柔軟性に強靭性が加わって相手の上部に自在に蹴り込むことができるという。

もちろん幼いときから習っていた空手の基礎も役立っているに違いない。そこに抜群のスピード、センスが加わり、全日本ジュニア・テコンドー選手権では、2013年から2016年まで、出場した3大会すべてで優勝を果たした。

高校進学に際しては、テコンドーに集中できる環境にしたいと、通信制の学校（第一学院高等学校千葉キャンパス）を選んだ。

高校生時代の2017年には第10回全日本選手権の54kg級で優勝。シニアのチャンピオンになったのだ。

東島選手らに期待！（区民ニュース「輝石の魂」）

東京大会に向け、全日本テコンドー協会の強化選手になり、２０１９年に大学生（大東文化大学）。若きチャンピオンだから期待も大きく、さまざまなメディアでのインタビューも受け、自ら課題も語っている。

たとえば、外国人選手との身長の差。それをどう克服するかが課題だという。東島選手は１７４㎝、同じ体重でも外国人選手には身長が10㎝以上高い選手が少なくない。手足も長い。それに立ち向かうためにより重要になるスピードと柔軟性を磨いているという。

東島選手は区のイベントなどで配布されている「〝わがまちアスリート〟を応援しよう！」では２０２０東京大会ではメダル獲得をと力強く宣言し、「そして日本中の皆様にテコンドーの魅力、楽しさをお伝えします。応援よろしくお願いします」とコメントしていた。

しかし、それは次の大会への持越しにもなってしまった。2020年2月に行われた東京大会出場を決める最終選考会の男子58kg級決勝で、鈴木セルヒオ選手（27歳、東京書籍）に7―8の僅差で敗れてしまったからだ。残り1秒、逆転を狙って繰り出した東島選手得意の蹴りをかわされて敗北が決した。

鈴木選手は、東島選手と同じ大東文化大国際関係学部1年の鈴木リカルド選手（男子68kg級優勝）の兄。「ボリビア人の母を持つ兄弟が2人で夢舞台へ」とマスコミも兄弟優勝を大きく報じた。東島選手に勝った兄は川崎生まれ、ボリビア育ち。高校は本場・韓国に単身留学して力を付けた選手。鈴木兄弟は東京に向けて切磋琢磨し、金メダルをめざして戦うという。

東島選手は、ジュニアでトップ選手になっているだけに実績がある。その分、若くても目標にされ、さらに課題にも取り組み始めていた。正代表の座を逃したとはいえ落ち込むことはない。先にまだ大きな可能性が広がっているはずだ。

本大会では、代表選手らが戦う姿を複雑な思いで見たり、応援をしたりすることになるかもしれない。応援をしてきた区民も同じだろう。だが、東島選手を僅差で破った鈴木選手らがどう戦い、活躍してくれるか。それを応援し、同時に世界のトップ選手たちの戦いぶりを見て、テコンドーをより理解し、魅力を知れば、さらに東島選手の次のチャレンジに期待し、より熱く応援することもできるのではないか。

今後に大いに期待し、応援したい。

〈会場・幕張メッセ＝千葉市＝フェンシング、レスリングも。パラリンピックでもテコンドー、ゴールボール、シッティングバレーボール、車いすフェンシングの会場に〉

観戦ノート

テコンドーの歴史と競技

華麗な足技が特徴のテコンドーは、朝鮮半島に古くから伝わる武術（テッキョンやスバック）と日本の松濤館空手を母体に韓国の崔《チェ》泓熙《ホンヒ》氏によって創始された。1955年に韓国の国技になり、正式に「テコンドー」と命名された。漢字では「跆拳道」と書く。「跆」は「踏む・蹴る・跳ぶ」、「拳」は「拳《こぶし》で突く」こと、「道」は柔道、剣道などと同じ道で「正しき道を歩む精神」を意味するという。

競技としては、空手同様に「キョルギ」（組手）、プムセ（型）の2種目。オリンピックで実施されるのは「キョルギ」（組手）のみ。通常、男女それぞれ体重別8階級に分かれるが、オリンピックでは男女4階級のトーナメント方式で争われる。

八角形のマット上で戦うが、勝敗はポイントの積み重ねで決まることがほとんど。スピーディな技を正確に判定するために、ロンドン2012大会から、フェンシングなどと同じような電子センサー付きのプロテクターやヘッドギア、ソックスなどを使用。技の有効性や打撃の強さを公正に判定できるようになっている。

このプロテクターに攻撃を当てることがポイントの基本。頭部へのストレートな攻撃が3点、回転が入ると5点。胴部へのストレート攻撃が2点、回転が入ると4点、胴部へのパンチは1点などとなっている。

防具をつけて戦うため、思い切り力を込めて攻め合う。それだけ迫力があり、観客をエキサイトさせる。

データ&メモ

パラリンピックでも正式競技に初めて採用

上肢に障害のある選手を対象とするキョルギ（組手）が実施される。選手は障害の程度により4クラスに分かれ、それぞれ男女別の体重階級制（各3階級）で競う。基本ルールはオリンピックとほぼ同じだが、パラリンピックは、胴部への足技だけが有効な攻撃で、頭部への蹴りは禁止されている。また、回転蹴りでも、360度の回転蹴りが4点技になるというパラテコンドーならではのルールもある。そのため「一発逆転を狙った360度回転蹴り」などという大技も見どころのひとつになるようだ。

大きな夢をつかめ！　区民アスリートを支援、「スポーツ夢基金」

「地元ゆかりのアスリート」の応援といえば、江戸川区には、オリンピックやパラリンピックはじめ国内外のトップクラスの大会での活躍が期待される有望な「区民アスリート」を資金面で応援する「夢基金」事業がある。

東京2020オリ・パラ大会開催が決定したのを受けて、2015年（平成27年）に制定された「江戸川区スポーツ夢基金条例」に基づく事業で、基金はすべて区民等からの寄付によって運用される。

同年9月27日朝のNHKニュース「おはよう日本」でも紹介された。運用の開始は、2016年度の期末から。21人のアスリートに計1875万円を交付。翌年以降も毎年、40人前後のアスリートに合計約2500万円～約3000万円の支援金が交付されている。

交付対象は、日本オリンピック委員会（JOC）および日本パラリンピック委員会（JPC）の強化指定選手やそれに準ずる選手。東京オリ・パラ大会、あるいは「デフリンピック」（さらに平成28年度から「スペシャルオリンピックス」も対象に）などでの活躍が期待される区民アスリートだ。

支援の金額は次のように4ランクに分かれている。

・JOCやJPCの強化指定選手――年120万円

・国内各競技団体の強化指定選手または育成指定選手――年90万円

・世界大会への日本代表選手――年60万円

・世界大会や全国大会などで顕著な成績を収めている選手――年30万円

もちろん支援対象は区民アスリートだから、4月1日時点で江戸川区に住所を有している人に限られる。

使い方は自由、アスリート本位で

アスリートも国内外の大会に出て活躍しようとすれば、とうぜん海外遠征を含め大会参加、合宿などで大きな経費がかかる。その負担を少しでも軽くしてトレーニングに打ち込み大きな夢をつかんでほしい…という、江戸川区ならではのアスリート支援策だ。

この支援金は、アスリート活動であれば使途の制限は受けない、自由だ。精算や使途の報告も不要。企業や事務所などがついておらず、個人で動いている選手には精算のための計算事務などが思いのほか負担になる。そのため、「あくまでもアスリート本位の支援金として、あえてこのようにしています。煩わしい事務手続きを必要としませんから、アスリートには喜んでもらっています」（区スポーツ振興課）という。

支援金が自由に使えるのは、この「スポーツ夢基金」に税金が入っていないからだ。すべて寄付金で賄われている。年間3200万円ぐらいの寄付があり、毎年対象者を決めて支給している。

対象となる人や金額は、自薦、他薦の申込者を審査し、「夢基金運用認定委員会」が最終決定をする。同委員会は、区議会の正副議長や学識経験者、地域スポーツの代表者など11名で構成されている。早稲田大学スポーツ科学学術院の間野義之教授も外部有識者として委員になっている。間野教授は、専門分野がスポーツ政策論。文部科学省、スポーツ庁の委員会や東京2020組織委員会などでも活躍している。

候補者の選定のために、各種の競技団体や大学のスポーツ団体などに依頼し、対象となるようなアスリート、学生がいれば調査票に回答してもらうこともしている。毎年多くの対象者が選ばれているが、継続して受給しているアスリートもいれば、転居や成績低迷などによって対象から外れる人もいる。

第Ⅰ部で紹介している区にゆかりのアスリートにも、対象者か、これまで対象になってきた選手が少なくない。その後、プロなどになって活動の本拠を移して外れたアスリートもいる。夢基金のサポートも一助にして実力を高め、活動の場を大きく広げて飛躍したアスリートが少なくないのだ。

このスポーツ夢基金のサポートをはじめとする地元の支援に支えられてきたアスリートが、その期待に応えて、大きな夢の実現に向かって切磋琢磨し、競い合い、躍動する姿を見せてくれる。それを応援し、ともに感動する。これも江戸川区民のオリンピック・パラリンピックへの「参加」の形ひとつになる、といってもいいのではないだろうか。

都も支援！「東京アスリート認定選手」

東京都にも、「地元ゆかりの選手、アスリート」を応援、支援する制度がある。オリンピック・パラリンピックをはじめ世界の舞台をめざす選手を支援する「東京アスリート認定選手」制度だ。

認定選手には、強化合宿の参加費用の援助などとともに、競技活動の参考となる情報提供などを行う。また、認定された選手の情報を都のスポーツ専用のポータルサイト「スポーツTOKYOインフォメーション」などで紹介していくことで、都民が地元のアスリートを知って関心を高め、応援する機運を盛り上げていこうという狙いもある。

東京都オリンピック・パラリンピック準備局が２０１６年（平成28年）度に始めた制度で、対象は、東京都に現住所または職場、学校などの所属先のあるアスリート。

初年度は、陸上や水泳、サッカーなど、オリンピックをめざす１０２人と、パラリンピックをめざす71人、合わせて１７３人が選ばれ、認定された。そのなかには期待のスプリンター、サニブラウン・アブデル・ハキーム選手（当時・豊島区の城西高校３年生、翌年アメリカ留学）がいた。サニブラウン選手はすでに国体や世界ユース選手権（２０１５年）の１００ｍ、２００ｍなどで優勝をして注目を集めていた。

パラリンピックの選手では、カヌー女子の瀬立モニカ選手（江東区、当時・筑波大学１年生）もいた。世界選手権大会で上位に食い込み、同年のリオパラリンピックにも出場が内定していた（出場し８位入賞）。

認定期間は１年。サニブラウン選手のように、そこから飛び立っていくアスリートもいれば、継続して認定を受けて東京大会出場をめざす選手もいる。

次年度以降も年３００人ほどのオリ・パラ大会をめざす選手が認定を受けている。大会本番を翌年に控えた２０１９年は２９３人（オリンピック選手２１１人、パラリンピック選手82

人）が選ばれ、同年6月、同年度の認定式・研修会が開かれた。

式典では、認定選手一人ひとりの名前が呼ばれ、オリンピックをめざす選手を代表して、江戸川区ゆかりの前出の上村悠樹選手（スポーツクライミング）、パラリンピックをめざす選手を代表して辻内彩野選手（水泳）の２人に認定証が授与された。

この上村、辻内の2選手は、ともに前年から認定を受けている有力アスリートだ。

この年度、「東京アスリート認定選手」になっている江戸川区ゆかりのアスリートは、ほかにオリンピックをめざす選手7人、パラリンピックをめざす選手２人となっている。この後に紹介していくアスリートだ（庄司選手は前出）。

【オリンピック】

関　海哉（水泳）　奥谷　将（サッカー）　長芝　木香（ボート）　染谷　將敬（ボクシング）

高安　儀和（クレー射撃）　柳　英志（同）　庄司　七海（スケートボード）

【パラリンピック選手】

樋口　健太郎（パワーリフティング）　加納　慎太郎（車いすフェンシング）

代表して認定証を受け取った2人を含め計11人。世田谷区25人（うちパラ選手５人）、大田区16人（うちパラ選手４人）に次いで青梅市と同数の3番目に多いアスリート数だ。

なお、青梅市は、パラ選手はゼロで、江戸川区でスラローム競技が行われるカヌー選手が5人も入っている。同市の御岳渓谷（多摩川）カヌー場は、各種大会の会場やスラローム選手の練習場として知られ、地元育ちの選手だけでなく全国から選手が集まっている。

青梅市カヌー協会には、「カヌー区」をめざす江戸川区も、さまざまな取り組みで協力をしてもらっている（第Ⅱ部等参照）。その特徴を表しているアスリート数といえる。

都のトップアスリート発掘・育成事業

また、都は、オリンピックなどの国際舞台で活躍できる選手の育成に向け、才能あるジュニア選手を発掘・育成する「トップアスリート発掘・育成事業」を実施している。平成24年度までは「東京都ジュニアアスリート発掘・育成事業」の名で行われていた事業だ。

この事業は、高校生から始めても遅くない、トップをめざすことも可能という7競技（ボート、ボクシング、レスリング、ウエイトリフティング、自転車、カヌー、アーチェリー）に適性のある中学生を発掘、指導、育成して、高校に送り出すという制度だ。

選抜の対象は、都内の中学校2年生。各競技団体による実技指導に加え、高い知的能力や豊かな人間性を備えたアスリートをめざして1年間の育成プログラムを受け、その後、選択した競技の本格的なトレーニングに取り組むというものだ。

毎年約30人のジュニアアスリートが対象になり、すでにジュニアの国際大会の上位入賞者も出ているし、シニア大会でも活躍し始めている選手もいる。

後で述べる江戸川区出身の若きボートマン、中川大誠選手（早稲田大学）が小松川高校時代にシニアの全日本軽量級選手権大会（２０１８年）に出場して優勝をさらった。そのときペアを組んでいた相手の高校生（江畠凛斉選手）が、この育成事業出身者だった。都もその点を強調して、事業の意義をＰＲしている。

東京２０２０大会というだけでなく、さらにその先で、この育成事業の成果を内外に示していくことができるかどうか。これも、都や都民の大会や大会後を見る際の注目ポイントのひとつになるだろう。

名乗りを上げた平泳ぎの小日向選手

●競泳

東京2020大会で、多くの日本人メダリストが生まれることが期待されている競泳。

江戸川区ゆかりの競泳選手といえば、日本中から大きな期待を集め、それに応えて年々輝きを増していた池江璃花子《いけえりかこ》選手。ご存じのように病との闘いから、パリ大会を目指すことになった（別項参照）。

池江選手のこれまでの活躍は、競泳界に大きなインパクトを与え、多くの選手を励まし、その目標にもなってきた。それが競泳界のレベルアップや東京大会の代表争いも激化させ、見どころも多くしてきたはずだ。

オリンピックでは、どの競技でも同じだが、選手の夢の舞台での活躍だけでなく、大会に出場するための代表選考レースから目が離せない。オリンピックは本大会のずっと前から始まっているといえる。

その数々の選考レースの段階から注目し、応援したい区ゆかりの競泳選手に、男子平泳ぎの小日向一輝《こひなたかずき》選手、男子自由形の関海哉選手、そしてパラリンピックでは女子の辻内彩野選手がいる。

区育ちの競泳アスリート、小日向選手（1994年10月生まれ、セントラルスポーツ）は、本大会の前年2019年に夢の舞台の活躍に名乗りを上げたスイマーだ。同年4月、東京辰巳国際水泳場で開かれた日本選手権で、男子200m平泳ぎに出場し、4年ぶりに自己ベストを更新して2位入賞。同年7月の世界水泳選手権（韓国・光州）の派遣標準記録も突破して初代表の座をつかんだ。オリンピックに向けた大きな一歩になる世界選手権出場だった。

小日向選手の平泳ぎは日本の「お家芸」。男子では北島康介さん（荒川区出身）がアテネ（2004年）、北京（2008年）の100m、200mで2連覇を達成している。その伝統があり、有力選手も多いだけに国内の代表争いも激しい。

その世界水泳選手権への代表選考レースとなった日本選手権でも、男子平泳ぎは早くから注目されていた。特にリオ2016大会代表の小関也朱篤《やすひろ》選手（ミキハウス）と渡辺一平選手（TOYOTA）の世界レベルのトップ争いが大会前から大きな関心を集めていた。結果は100mが小関選手の連覇。200mは世界記録保持者の渡辺選手が優勝。

この200mも4連覇中の小関選手と渡辺選手の一騎打ちと見られていたが、そこに割って入ったのが、わがまちのスイマー、小日向選手だった。ラスト50mの競り合いで小関選手をかわして2位に食い込んで、オリンピック出場の可能性をたぐり寄せたのだ。

小日向選手は、同種目の2014年の優勝者。その後、小関・渡辺選手らに先を越されていたが、オリンピックを前にして、４年ぶりの自己記録更新で復活した。

韓国・光州で行われた世界選手権は、小日向選手にとって２０１５年ユニバーシアードの２００m平泳ぎ2位（１００m５位、４００mメドレーリレー3位）以来の日本代表としての戦いで、自己ベストをマークしたが、全体9位。残念ながら決勝には一歩届かなかった。渡辺選手は銅メダルを獲得した。

また、日本選手権で50m、１００mを制した小関選手は、世界選手権では１００m４位だった。オリンピックには１００mとリレーにかけることになる（オリンピックに50m平泳ぎはない）。

選考レースやオリンピック本番では、１００mを渡辺選手と小関選手、２００mでは渡辺選手と小日向選手が競いながら力を発揮し、活躍してほしいものだ。

とくに小日向選手には、オリンピック前に殻を破っているだけに、自己記録をさらに更新して夢の舞台で躍動してほしい（代表争いの最終レースは本大会直前の２０２０年４月の第96回日本選手権となる）。

なお、小日向選手は、南小岩第二小学校・小岩第五中学校の卒業生で明治大学のＯＢ。

小関選手は、江戸川区の姉妹都市である山形県鶴岡市の出身。もちろん実力者の小関選手の活躍にも期待し、しっかり声援を送りたい。

期待の若手、自由形の関海哉選手

江戸川区が以前から、池江選手らとともに「期待のネクストジェネレーション・スイマー」として注目、応援してきたのが、自由形とバタフライの関海哉《せきかいや》選手（1999年12月生まれ、日本大学）だ。

2018年8月には区民ニュースの「輝石の魂」（ビデオニュース）でも、「楽しく泳ぐこと」をモットーとしながら東京オリンピックに向けて研鑽を積み始めた関選手を取り上げている。

関選手は、松江第三中学校時代、都の学年別水泳競技大会で、3年男子50m自由形の第1位になった。全国レベルでの活躍は高校生（日大豊山高校）になってから。

インターハイ（全国高等学校総合体育大会）の男子200m自由形で1位。全国大会バタフライ100mでも金。そしてこの年（2018年）、日本大学に進む（池江選手の1年先輩に当たる）。

大学1年生の5月、トップスイマーが競うジャパンオープン100m自由形で6位入賞。自己記録を更新し、いよいよ日本のトップスイマーと争うレベルになった。だからこそ、区でも有望選手としてクローズアップ、東京大会に向けて、応援を呼び掛けた。

1年後の2019年5月のジャパンオープンでも、100m自由形決勝に進み、49秒35で5位入賞。タイムも順位も確実に上げ、伸び盛りであるところを示した（1位は48秒52

水泳会場の東京アクアティクスセンター

の松元克央選手）。

　また、オリンピックを１年後に控えて、オーストラリアで開かれたシドニーオープンに日本代表選手もエントリー。関選手がメンバーとなった２００ｍと４００ｍのフリーリレーで、いずれも日本新記録で１位となった。

　メンバーは、関選手のほか、ジャパンオープン優勝の松元選手に塩浦慎理選手、中村克選手。この３選手は２０１９年の世界選手権大会に出場。出場できなかった関選手は同年７月のイタリア・ナポリでのユニバーシアード大会の代表選手になり、４００ｍフリーリレーに出場して４位に入った。

　東京オリンピック大会の前哨戦、代表選考

争いでは、4×100mリレーメンバーの4番目のイスをめぐって争っている関選手だ。さらにスピードを磨き、国際レベルのレースでしっかり経験を積んで、より大きく飛躍してほしい。

関選手は、前述のとおり「東京アスリート認定選手」。その選手紹介のなかで「2020年の東京オリンピックでは4×100mフリーリレーで、日本初のメダルを獲りたいと思っています」とコメントを締めくくっている。期待をしたい。

〈会場・東京アクアティクスセンター＝江東区辰巳＝辰巳の森海浜公園に新しく整備された施設。競泳のほか飛込、アーティスティックスイミング、パラリンピック水泳を実施〉

データ&メモ

オリンピック競泳の歴史

東京オリンピックの水泳は、決められた距離を決められた泳法で泳いでタイムを競う競泳のほかに、飛込、アーティスティックスイミング、水球、マラソンスイミングが行われる（パラリンピックは競泳のみ）。

競泳は、陸上競技、体操競技、フェンシングとともに1896年の第1回アテネ大会から行われている。ただ、第1回大会は海、第2回パリ大会（1900年）は川、第3回セントルイス大会（1904年）は人口湖で実施されたという。プールで行われるようになったのは第4回ロンドン大会

（１９０８年）からだ。

日本が初めて競泳に参加したのは第７回アントワープ大会（１９２０年）から。オリンピック初参加はその２大会前の第５回ストックホルム大会（１９１２年）。陸上競技の三島弥彦選手（短距離走）と金栗四三選手（マラソン）の２人だけの参加だった（２０１９年のＮＨＫテレビの大河ドラマ「いだてん」に描かれた）。

競泳の初メダルは第９回アムステルダム大会（１９２８年）。男子２００ｍ平泳ぎで鶴田義行選手が金、男子４×２００ｍリレーで銀、男子１００ｍ自由形で高石勝男選手（リレーメンバー）が銅を獲得した。

女子では第10回ロサンゼルス大会（１９３２年）２００ｍ平泳ぎの前畑秀子選手の銀メダルが初。前畑選手は次の第11回ベルリン大会（１９３６年）の同競技で金を獲得。日本女性初のオリンピック金メダリストになった。レース後半、「前畑、がんばれ！」を連呼したＮＨＫアナウンサーの実況中継でもよく知られている。

競技種目は増え、東京大会では自由形８００ｍ（男子）、自由形１５００ｍ（女子）、メドレーリレー４×１００ｍ（混合）の３種目が新たに追加された。

データ&メモ

マラソンスイミング、AS、飛込、水球

水泳では、屋内で実施される競泳のほか、陸のマラソンに相当する「マラソンスイミング（オープンウォータースイミング）」が実施される。10㎞の速さを競う北京2008大会からの正式種目。会場はお台場海浜公園（トライアスロンの会場でもある）。

前回リオ大会までシンクロナイズドスイミングと呼ばれていたアーティスティックスイミング（AS）。正式採用されたロサンゼルス1984大会で、ソロで元好三和子選手、デュエットで元好選手と木村さえ子選手が、それぞれ銅メダルを獲得。アトランタ1996大会ではチーム種目（8人で演技）のみで実施。その後、デュエットが復活、チームとの2種目に。最近は男子選手も活躍しているが、オリンピックでは女子だけの種目。東京大会では日本チーム（愛称「マーメイドジャパン」）の悲願、金をめざす。

飛び込みは、飛板飛び込み（3mの高さの弾力のある飛板を利用）と高飛び込み（10mの固定された台から）。男子はセントルイス1904大会から、女子はストックホルム1912大会から採用。2人1組で飛び込むシンクロナイズドダイビングもシドニー2000大会から加わった。いずれ

も男女。

　水球は、水深2m以上のプールの縦30m×幅20mのコートで、ゴールキーパー1人を含む7人編成のチームが対戦する。パリ1900大会から採用。女子はシドニー2000大会で正式競技になった。東京大会では開催国枠で初出場の女子日本代表だが、2018年アジア大会で銅メダルを獲得している。

　着々とチーム力を向上させ、本大会での活躍が期待されている。

コラム

世界が応援、池江選手の闘いと新たな目標

　江戸川区が生んだ世界的スイマー、池江《いけえ》璃花子《りかこ》選手に対して区や区民は、常に誇らしく、また、夢や希望を託しながら、さまざまな応援をしてきた。その池江選手からは多くの嬉しい驚き、感動、勇気などをもらってきた。この関係は今後も変わらないだろう。

　2016年、16歳でリオ・オリンピックに出場したときには、母校の区立小岩第四中学校で生徒や保護者らが「応援する会」を開いて熱いエールを送った。応援をしながら生徒たちは「夢を持つこと」の大切さなどを教わったはずだ。池江選手はリオ大

応援ブースに千羽鶴（2020年2月、スポーツセンター）

会では日本人選手最多の７種目に出場し、得意の１００ｍバタフライで決勝に進出、５位入賞で期待に応えた。

その後さらに急成長を見せて２０１８年のパンパシフィック水泳の１００ｍバタフライで金メダル、２００ｍ自由形で銀。その勢いで同年８月のアジア競技大会（ジャカルタ）では日本女子最多となる金メダル６個を獲得し、最優秀選手（ＭＶＰ）に選ばれ、その名を世界に轟かせた。

翌２０１９年２月のことだった。自身のインスタグラムで、白血病であること、病気療養に専念することを公表。大きな衝撃とともに、そのニュースが国内外に伝えられ、世界中から応援や励ましの声が寄せられた。

江戸川区でも同年4月、「区民に大きな夢を与えてくれたことに対する感謝と、病に打ち勝ってほしい激励の気持ちを伝えるため」として、スポーツセンター（西葛西）に「応援ブース」を設置して、映像やパネルとともに全国各地から寄せられた約4万羽の折り鶴などを展示、応援メッセージを池江選手に届けた。それが多くのテレビ、新聞などで報じられた（折り鶴は10万羽を超えたという）。

その後も区は、各種イベント会場などで、「〝わがまちアスリート〟を応援しよう」との印刷物を用意して呼び掛けをしてきた。もちろん闘病前とは異なり、池江選手が自身のウェブサイトに掲載した自筆の療養生活の報告と感謝のメッセージを中心に構成して、落ち着いた環境のもとで闘病に専念できるように「応援メッセージを公式サイトへ」と強調する内容だった（公式サイトhttps://rikako-ikee.jpには「応援メッセージの受付フォーム」もある）。

このサイトやインスタグラムが池江選手の主要なコミュニケーションツールで、そこで発信される近況報告などがTVや新聞ですぐに報じられている。同年7月4日の誕生日には「19歳になりました！」と一時退院して家で友人たちとくつろぐ笑顔の写真を掲載して感謝の気持ちを表しているが、それは同時に私たちに安堵・安心感を与えてくれるニュースになった。

世界選手権メダリストからのメッセージ！

同年7月に韓国・光州で開かれた世界選手権では感動的なシーンが見られた。

本来なら池江選手も出場したはずの女子100mバタフライ決勝の後の表彰式で、メダル獲得の3選手が、それぞれの手のひらにマジックインクで「Rikako」「Ikee」「NEVER GIVE UP」と書いて揃って差し出し、池江選手を激励したのだ。

銀メダルのサラ・ショーストロム選手（スウェーデン）が提案者だったという。池江選手と同じ合宿をしたこともあるリオの金メダリスト。その提案に、優勝したマクネイル選手（カナダ）、3位のマキオン選手（豪州）も賛同してメッセージを示し、テレビ、新聞などのニュースにもなった。

誰もが認める世界トップスイマーのショーストロム選手は、記者会見で、「友だちのリカコ」に「目に見える形で伝えたいと思った」と回復を願う強い思いを語り、改めてエールを送った。池江選手はその日のうちにインスタグラムで感謝の意を示して、それもニュースになった。

このように多くの人に愛され励まされながら病と闘ってきた池江選手。同年9月には春入学したばかりの日本大学の応援のために日本学生選手権の会場（東京辰巳国際水泳場）に大会3日間連続で足を運んだ。人前での姿がテレビに映し出されるのは入院後初めてだった。マスクをつけ、メガホンを手に、ピンク色の揃いのTシャツ姿で楽しそうに声援を送っていた。最終日には日大の十数年ぶりの総合優勝を仲間と喜び、マスクを取って笑顔も見せた。

その池江選手からのさらなる嬉しい知らせは同年12月17日。ホームページなどで退院が報告されたのだ。

同日夕、「2月から入院生活をし、約10ケ月の月日が経ちこの度退院することができました」で始まる「感謝の気持ちでいっぱい」との自筆のメッセージが掲載されると、NHKなどテレビ各局は、トップニュースでそれを報じた。

マネジメント会社もホームページで経過を報告。急性リンパ性白血病との診断で、化学療法による治療を行ったものの合併症を併発したため、造血幹細胞移植を行ったこと、その後は症状が落ち着いて安定した状態（寛解状態）を維持し、体調も安定したために退院できたという。詳細な病名と治療法が初めて明らかにされた。

この間、池江選手はつらい治療中も、「大丈夫、大丈夫、いつか終わる」と自分を励ましつづけたことや、励ましのメッセージを見て、「早く戻りたい」と強く思うことができたこと、それに「病気になったからこそ分かること、考えさせられることと、学んだことが本当にたくさんありました」と自筆メッセージに記している。

　今後は医師と相談しながら、基礎体力づくりから始めて、「2024年のパリ五輪出場、メダル獲得という目標で頑張っていきたいと思います。これからも応援よろしくお願いします」と締めくくっている。

　なお、池江選手の白血病の公表以降、日本骨髄バンクへの問い合わせとドナー登録が急増したという。それだけ多くの人に愛され、応援される一方、人を動かす、影響力の大きな存在ともいえる。

　その多くの励まし、「ネバー・ギブ・アップ」の声に応えて、再びアスリートとしての大舞台をめざしてスタートを切った（その後、軽いトレーニングを始めたことも報告）。その報告は多くの人びとを安堵させ、また鼓舞し、勇気づけるものにもなったはずだ。

　わがまち自慢のアスリートが再びプールで躍動し、輝く日を、焦らず待ちたい。

羽根田選手らの活躍で「カヌー区」に弾みを

●カヌー・スラローム

東京2020大会で、江戸川区に最も関係の深い競技といえば、葛西の臨海公園の隣地に建設されたカヌー・スラロームセンターで実施されるカヌー・スラローム競技ということになる。

区では、それを「晴れの舞台」として迎えるだけでなく、カヌーが「水辺のまち江戸川区」に打ってつけのスポーツでもあることから、第Ⅱ部で詳しく説明しているように、この大会を機に「カヌー区にしよう！」と、さまざまな取り組みを行っている。

それに弾みをつけるのは、東京大会での日本選手の活躍だろう。

この間のさまざまなイベントに協力、参加して、区民もごく身近に感じている日本のトップ選手が素晴らしい戦いを披露してくれるはずだ。その代表的な選手が、前回のリオ2016大会で、日本人初の銅メダルを獲得したスラロームのエース、羽根田卓也選手（1987年7月生まれ、愛知県豊田市出身、ミキハウス所属）だ。

羽根田選手は、テレビなどマスコミにも数多く登場しているスターアスリート。

2019年7月のカヌー・スラロームセンターの完成披露式典では、日本初の人工スラローム・コースの激流を漕ぐデモンストレーションと、パドル（櫂）を使ったゴール地点のテープカットを行った。ほかの大会の機運盛り上のイベントなどでも、区民にカヌーの魅力やオリンピック体験などを熱心に語ってきた。

江戸川区民にも身近になってきた羽根田選手のプロフィールは、自身の公式ウェブサイトに次のように記されている。

「幼少時からスポーツ一家で、7歳〜9歳までは器械体操、9歳から父と兄の影響でカヌー・スラロームを始める。世界レベルで活躍する事を目標に、高校を卒業してすぐ強豪国のスロバキアへ単身渡る。リオ五輪にて、この競技アジア人初となる銅メダルを獲得し、一躍カヌーを日本中に知らしめた。

スロバキアの首都ブラチスラバの国立大学院を卒業し、東京五輪ではさらなるメダル獲得を目指す」

江戸川区では、羽根田選手の出身校・豊田市立朝日丘中学校との交流も行っている。たとえば2018年6月、同校3年生11名が修学旅行の際に区を訪れ、東京2020大会での「おもてなし」などについて学習や懇談を行った。生徒たちからは、羽根田選手がメダル獲得後、母校を訪れ、カヌーを通して学んだことなどを熱心に生徒に伝える活動も行っているという話も聞いた。

区のホームページでは、生徒たちとの交流の報告を、「豊田市で開催されたカヌー体験

カヌー・スラロームセンター（中央後方が葛西臨海公園の大観覧車）

教室に参加したことがある男子生徒は『また江戸川区に来て、羽根田選手を直接会場で応援したいです』と笑顔で話していました」と結んでいる。

リオより上のメダルをめざす羽根田選手を豊田市の人たちといっしょに応援できればいい。

観戦ノート

カヌーの歴史と競技

カヌーは、ボートとは逆に漕ぎ手が進行方向を向き、固定されていないパドル（櫂）を操って進むのが特徴だ。

数千年前から世界各地で人の移動や狩猟、輸送の道具として使われてきた。丸木をくりぬいたもの、木の骨組みの外側に樹皮や獣皮を張ったもの、葦《あし》を編んだものなど、さまざまなものがあるようだ。

スポーツとしてのカヌーは19世紀中頃にイギリスなどで始まり、競技として発展、1936年のベルリン大会で正式採用された（ロンドン1948大会から女子種目追加）。

カヌーは大別して2種類。甲板がなく、片端だけがブレード（水かき）のパドル（櫂）を漕ぐのがカナディアンカヌー（羽根田選手の競技）と、漕ぎ手が座るコックピット以外は甲板で覆われ、両端にブレードのあるパドルを用いるカヤックだ。いずれも進行方向を向いて1本のパドルを操って進む（複数人が乗るときも1人1本）。

競技は「スラローム」と「スプリント」の2種目。葛西のスラロームセンターで実施される「スラローム」競技は、変化に富んだ流れのなかに吊るされたゲートと呼ばれるポールに触れないようにしながら、タイムとゲート通過で順位を競う。急流の中、ゲートの間を通り抜け、またはその周りを回転する高い操舵力が求められる。

1艇ずつスタートして、所要時間とゲートへの接触や非通過による減点によって順位が付けられる。

スキーの回転競技と似ているが、ゲートに触れると減点になるところや下流から旋回しなければならないゲート（赤白のポール）がある点などが違う（緑白ポールは上流から通過）。

東京大会で実施されるスラローム競技は、カヤックシングルと羽根田選手のメダルが期待されるカナディアンシングルの2種目の男・女。

パラリンピックには、スラローム競技はなく、「スプリント」のみ。

定められた距離を漕ぐスピードを競う「スプリント」は、フラットウオーターと呼ばれる平水に設けられた直線コースで行われる。東京大会では距離が200m、500m、1000mの3種。

カヤックは、シングルの200m男・女、500m女子、1000m男子。ペアが500m女子と1000m男子、そしてフォア500m男・女。

カナディアンは、シングル200m女子、同1000m男子、ペア500m女子、同1000m男子。

会場の海の森水上競技場（江東区青海三丁目地先）は、東京港中央防波堤内側および外側埋立地間の水路に新しく整備された施設で、オリンピック・パラリンピックのカヌー・スプリントのほかにボート競技の会場にもなる。

なお、カヌーには、オリンピック種目以外にも、ポロ、ワイルドウォーター、ドラゴンカヌー、フリースタイルカヌーなど、さまざまな競技種目がある（第Ⅱ部参照）。

ベテラン柳・高安選手の挑戦

●クレー射撃

射撃は、古くから採用されているオリンピック競技で、大別して、固定された標的を撃つ「ライフル射撃」と空中を飛ぶ動く標的を狙う「クレー射撃」がある。

「ライフル射撃」には、ライフル銃を使う種目とピストルを使う種目があり、固定された紙標的に弾を発射して点数を競う、第1回アテネ大会から採用されている競技だ。

「クレー射撃」は、クレー（素焼きの皿）を空中に飛ばして散弾銃で撃ち、破砕された標的の数で勝負を競う。1900年の第2回パリ大会からの正式競技（パラリンピックはライフルのみ、クレー射撃はない）。

このクレー射撃で、東京大会への出場が期待されている江戸川区在住のアスリートに、柳《やなぎ》英志《ひでし》、髙安儀和《たかやすよしかず》の両ベテラン選手がいる。

柳選手（1967年4月生まれ、日立ハイテクマテリアルズ）は、2013年（平成25年）の国民体育大会（東京都開催）で優勝し、「江戸川区スポーツ栄誉賞」を授与されている。2017年のワールドカップ（キプロス大会）の日本代表。同大会では予選落ちしたが、東京オリンピックへの思いを強くして、研鑽を積んでいるという。

「東京アスリート認定選手」（前出）で、「目

都の情報ポータルサイトで紹介（柳選手）

東京クレー射撃協会HPでも認定選手を紹介（高安選手）

標は2020年東京オリンピックに出場し、金メダルを獲得すること」「クレー射撃がメジャースポーツとなるよう、また、人々に夢と希望と勇気を持ってもらえるよう頑張りたい」とコメントしている。

高安選手（1965年9月生まれ、シー・エス・システム）は、2018年の福井国体で団体優勝し、やはり「区スポーツ栄誉賞」を受賞。2017年の秋季日本クレー本部公式大会で個人優勝をして、柳選手同様に「東京アスリート認定選手」になっている。

その選手紹介のなかで、「クレー射撃の普及と発展の為に自分の技術力の向上に日々精進し又若手選手の育成についても最大限の努力をして取り組んで行く考えで臨んでいます」とコメント。

オリンピックをめざす選手としては、地元開催の大会で活躍することが第一の目標でも、その道のりはどの種目も厳しい。ベテランになると、代表争いでライバルになり得る後輩たちの指導、育成もしていかなければならない。さまざまなサポートを受けて競技に取り組んでいるアスリートだからこその道ともいえるだろう。それらにも目を向けながら応援をしていきたい。

〈会場・陸上自衛隊朝霞訓練場＝練馬区大泉学園、射撃全種目〉

観戦ノート

「トラップ」「スキート」の2種目

クレー射撃は、散弾銃を使用して空

中に放たれる直径11㎝の陶器（クレー）を狙い、撃ち落とした数で得点を競う。18世紀末ころから英国で行われていた鳩を放って射撃するゲームが起源とされる。

オリンピックで行われるクレー射撃は「トラップ」「スキート」の2種目。

「トラップ」はクレー射撃の原点といえる競技で、射台（射手が撃つ場所）の15m先のトラップ（クレー放出機）から飛び出し遠ざかるクレーを撃つ。射手は5カ所の射台を順に進む。それぞれの台で放出されるクレーは1枚。1ラウンドは、5カ所の射台×クレー1枚×5周の計25枚の射撃。1枚のクレーを2発以内で撃破できれば得点になる（いずれも1点）。

日本人選手では1992年のバルセロナ大会で渡辺和三選手が銀メダルを獲得。アジア初のメダリストになった。

「スキート」は、半径19・2mの半円上にある8つの射台を順に移動しながら射手の前方左右2カ所から飛び出るクレー（計25個）を撃つ競技。1個ずつ交互に放出されるクレーを撃つシングル、同時に2個放出されるダブルが組み合わされる。1個のクレーに対して撃てるのは1発だけ。メキシコ1968大会から採用されている。

東京大会では、トラップ、スキートそれぞれの男女と東京大会で新たに加えられた男女混合の団体戦「トラップ・ミックス」の計5種目が行われる。

射撃の全種目の会場となる陸上自衛隊朝霞訓練場は、前回の東京1964大会でもライフル射撃競技の会場だった。

「下町アーチェリー」盛り上げのためにも！

●アーチェリー

「洋弓」とも呼ばれてきたアーチェリーは、第Ⅱ部でくわしく見るように、江戸川区の町工場が「国産弓具の復活！」を掲げて集まり、「アーチェリー区に！」「弓具の一大生産拠点にしていこう！」というプロジェクトを進めている。

この「わがまちのものづくり」プロジェクトの盛り上げ、後押しのためにも、応援をしていきたい競技だ。

アーチェリーは、弓で矢を的に放って得点を競う。オリンピック（およびパラリンピック）では、屋外の平坦な射場で行う。競技としては室内のインドアアーチェリーや森や山などで行うフィールドアーチェリーもある。

弓具にも何種類かあるが、オリンピックで用いられるのは「リカーブ・ボウ」と呼ばれる弓。「下町アーチェリー」のプロジェクトが開発している弓具だ。金属製のハンドル部分の両端にリムと呼ばれる板バネを付け、その両リムに弦《げん》を張り、矢を正確に放つためにハンドル部分にサイト（照準器）や安定器などを装着する。

五輪に的…全日本アーチェリー連盟ホームページ

弓にはほかに小さな力でも矢をより強く遠くに飛ばすために両端のリムに滑車（カム）を取り付けた「コンパウンド・ボウ」などがある。

アーチェリーの大会では、リカーブ部門に加えコンパウンド部門の競技も行われるが、オリンピックではリカーブ・ボウだけ。パラリンピックではコンパウンドも用いられる。

オリンピックでは、リカーブで70m先の的（直径122cmの円）を狙って矢を射《う》つ。中心に当たれば10点。その周りに描かれた同心円の帯の外側にいくほど9点、8点……と点数が小さくなり、1点の外側が0点だ。

このアーチェリー競技がオリンピックに採用されたのは1900年の第2回パリ大会か

ら。ただ半世紀ほどの長い中断があり、ミュンヘン1972大会で正式競技として復活し、今日までつづけられている。

日本では戦後普及。ミュンヘン大会から代表を送り、次のモントリオール1976大会で学生の道永宏選手（兵庫県出身）が男子個人で銀メダルを獲得した。次のメダリストも学生で、ロサンゼルス1984大会で山本博選手（神奈川県出身）が銅メダル。同選手は20年後のアテネ大会で銀メダルを獲得して大きな話題になった。

ロンドン2012大会で銀メダルに輝いた古川高晴選手（青森県出身、近畿大学職員）が東京大会でもエース的存在で、2019年の世界選手権の代表だった武藤弘樹（慶大）、倉矢知明（イシダ）の両選手も期待の有力候補。

オリンピックで活躍する区出身アーチャーはまだいないが、「下町アーチェリー」プロジェクトの推進によって近い将来の出現を期待したい。

女子のアーチェリーといえば、やはりロンドン2012大会で団体銅メダルを獲得した蟹江美貴、川中香緒里、早川漣の3選手の活躍が印象深い。アーチェリー女子初のメダルだった。

蟹江選手はその後引退したが、川中、早川両選手は東京大会をめざして戦っている。

2019年ナショナルチーム選考会で女子1位になったのは、2018アジア大会

（ジャカルタ）で初めて実施された団体混合（男女ペア）で前出の古川選手と組んで優勝した杉本智美選手（ミキハウス）だった。男女混合は、東京大会で新たに採用される競技だ。

杉本選手は、前出の世界選手権に久原千夏選手（福井信用金庫）、史上最年少の16歳で代表になった園田稚《わか》選手（都立足立新田高校）とともに出場している。

高校生の園田選手は、本大会前年の２０１９年７月に本番と同じ会場（夢の島公園）で行われたテスト大会で、日本勢で唯一、個人３回戦に進んで注目された。

アーチェリーの強豪国は韓国。しかも、群を抜く強さで、前回リオ大会では男女の個人・団体４種目すべてで金メダルを獲得、女子団体は７連覇中だ。それにつづくのが男子ではアメリカやヨーロッパ勢、そして日本。女子は中国、ロシア、ヨーロッパ勢や日本選手。韓国の牙城をどこまで崩し、上位に食い込めるか。

「アーチェリー区」に向けた取り組みに弾みがつくよう、区ゆかりの選手が活躍するパラリンピックのアーチェリー（後出）とともに、しっかり応援をしていきたい。

〈会場・夢の島公園アーチェリー場＝夢の島公園内に新たに整備された施設。パラ・アーチェリーの会場にもなる〉

観戦ノート

ランキング・ラウンドとトーナメント

オリンピックのアーチェリー競技は、男女それぞれの個人戦と団体戦（3人）、そして東京大会で新たに加わった男女混合の団体戦（男女ペア）の男女計5種目が行われる。

まず、各国の計64選手による予選（「ランキング・ラウンド」とも呼ばれる）が行われる。選手は1カ国最大3人。この予選の成績（ランキング）が、次のトーナメント戦の組み合わせを決定する（団体戦トーナメントに進めるか否かも決まる）。

予選は1人72射（6射×12エンド）、その合計得点による順位で次の個人戦トーナメントの相手が1位対64位、2位対63位……と決まっていく。1エンドの制限時間4分。このラウンドでは選手自身が採点、矢取り（的まで行って矢を回収）を行う。

次の個人戦トーナメントは1対1の、勝つか負けるかの戦い。1射ずつ交互に射《う》ち、1セット3射の得点の高いほうの選手が2ポイント（引き分けは1ポイントずつ）を獲得する。6ポイント先取で勝利。最大5セット行い、引き分けがつづいて両者5ポイントずつのときはシュートオフ（タイブレーク）というサドンデス方式の延長戦により勝者を決定する。

団体戦は、予選の合計点の上位16カ国によってトーナメント戦を行う（1～4位は

2回戦から）。1チーム3選手が1セット各2射（計6射）を放ち、得点の高いチームが2ポイント（引き分け1ポイント）を獲得。これを4セット行い、5ポイント先取で勝利。両チーム4ポイントずつのときはシュートオフ（1射×3選手）で決着をつける。

新たに追加された男女混合の団体戦（男女1人ずつのペア戦）は、予選でチーム（国）の最上位の男女各1名の得点合計の上位16チームのトーナメントで戦う（メンバーもその最上位2名）。

1セット1人2射（計4射）を最大4セット行う。各セット2ポイント（引き分け1ポイント）は同じで、先に5ポイント獲得で勝ち（同点はシュートオフ）。

日本代表は前述のようにアジア大会で初めて実施されたこの男女混合団体戦で金メダルを獲得した初代王者。その勢いをオリンピック本番に結びつけてほしい。

若きチャレンジャーたち――東京からパリ、ロスに向け

区がさまざまに応援するアスリートや都が支援する「東京アスリート認定選手」の多くは、東京大会をめざして厳しいトレーニングを積み、さまざまな大会で懸命に戦っているが、実際に本大会に出場できるのは、断るまでもなく、ほんのひと握りの選手だけだ。代

表をめぐる争いは激しく、また、厳しい。

地元開催のまたとない夢の舞台だが、年齢、体調、ライバルとの力関係などから、自分のベストの状態で戦える選手は限られる。持てる力を最大限発揮しても手の届かない選手もいる（実際はそれが大多数といえるだろう）。

それでもアスリートは目の前の大きな夢に向かって果敢にチャレンジする。そのチャレンジのぶつかり合いだから、見るものに感動を与えるともいえる。

結果として本大会には手が届かなくても、この機会に熾烈な競争を体験することは、若手アスリートには貴重な財産になり、次のパリ2024大会、ロサンゼルス2028大会などへの道を切り拓くことにもつながる。今回はバックアップを行う側に回る選手たちも貴重な体験を得るに違いない。

以下、次の時代に向けて、より大きな夢や可能性があると期待されている若手アスリートやその競技を紹介しておきたい（ほかにも全国レベルの大会で活躍して、次代を担う選手と評価、期待されている中学・高校生も少なくない。区主催の東京大会の準備・盛り上げイベントなどに協力・参加して競技やオリンピックにかける夢を語っている選手もいる＝第Ⅲ部参照）。


高校生チャンピオン染谷選手――ボクシング

染谷将敬選手（2001年9月生まれ）

は、まさに若手の、高校生（駿台学園高校）ボクサーだ。2018年の全国高校選抜大会で優勝（ライト級）、2019年関東高校ボクシング大会でも1位に輝く実績を誇る。国際大会でも高校1年生のときに2017年アジアジュニア選手権に出場（5位）。2018年12月には、水泳の池江選手やテコンドーの東島選手らとともに区のスポーツ栄誉賞も受賞している。

染谷選手は「東京アスリート認定選手」に選出され、「今年は高校最後の年になります。認定選手として競技はもちろんのこと『文武両道』を目指し、学校生活もしっかりと努力していきたいと思います」などとコメントしている。

ボクシングは、東京2020大会では、男子が8階級、女子は、5階級で戦う。

試合は、プロの場合と異なり、3分×3ラウンド。5人のジャッジの採点による判定か、試合続行が困難として途中でレフリーが勝敗をつけるレフェリー・ストップ・コンテスト（RSC）や、どちらかの負傷や3回の警告（減点）を受けての失格、ダウンして10秒以内に競技をつづけることができないノックアウト（KO）などにより勝敗が決する。

日本ボクシングは、東京1964大会の56kg級で桜井孝雄選手、ロンドン2012大会75kg級で村田諒太選手と金メダリストを生み出してきたが、国際ボクシング協会（AIBA）が一時、IOCから組織運営を問題視され、東京大会での競技開催が危ぶまれたり、日本ボクシング連盟の内紛、改革騒動でマスコミを連日賑わせていたりもした（2018年）。その後、ようやく新体制でオリンピックに向けた取り組みが進められるようになった。

東京大会では、日本は男子4階級、女子2階級の開催国枠があるが、残る男子4階級と女子3階級を含めてオリンピックに出場するための戦いが、大会直前までつづく。また、2016年からプロ選手の出場が解禁となっており、その参戦も注目点だ。

さらに2012年のロンドン大会からオリンピックの正式種目になった女子ボクシングは、これまで日本人選手の出場は実現しなかった。それが開催国枠もあり、悲願のオリンピック初出場となる。プロ選手も参入し、どのような代表が、どのように力を発揮してくれるか。注目し、応援したい。

〈会場・両国国技館＝墨田区横網〉

長芝選手——ボート女子、男子には中川選手

長芝木香《ながしばこのか》選手（2001年12月生まれ）は都立小松川高等学校のボート部の選手。

同校ボート部は、そう歴史は古くないが男女それぞれにインターハイ、国体、全国選抜大会など、さまざまな大会で活躍している。

2016年　島根インターハイ女子5人乗り優勝

2017年　岩手国体・男子2人乗り優

ボートとパラ・カヌーの会場になる海の森水上競技場(後ろに東京ゲートブリッジ)

勝、女子5人乗り4位
　2018年　福井国体・女子2人乗り準優勝、同5人乗り3位、全国高等学校選抜ボート大会・女子5人乗り準優勝
　2019年　選抜ボート大会・女子5人乗り2位（2年連続準優勝）
　このように好成績をおさめている。
　同校女子ボート部で活躍してきた長芝選手は、2019年度の「東京アスリート認定選手」に登録された。コメント欄で、
「ボートと出会って今年で3年目になります。これからも色々な人の力をお借りしながら、インターハイ優勝、世界で闘える選手、応援される選手を目標に、日々精進していきたいと思います。ボートができる環境に感謝

し、自分の可能性を広げてくれたボートをもっと沢山の人に知っていただけるよう活躍していきたいです」

と述べている。ボート部の部員のほとんどは、高校からボート競技を始めているという。長芝選手もそのひとりで、短期間に「東京アスリート」になった。さらなる成長、活躍が期待されている。

同校の男子ボート部には、2016年の全日本軽量級選手権を制覇した歴史もある。それはプロ選手、実業団、学生も出場する大会で、同校の中川大誠選手が前述の都の「トップアスリート発掘・育成対象選手」だった江畠凜斉選手（当時足立区の都立青井高3年）との混成チームで見事に優勝した。

これは高校生としての初の快挙で、第66回日本スポーツ賞（読売新聞社主催）の競技団体別最優秀賞を受賞した（大賞は女子レスリングの伊調馨選手が連続受賞）。また、女子ボート部とともに男子ボート部が区スポーツ栄誉賞を受賞している。

中川選手は、「東京アスリート」にはなっていないが、早稲田大学漕艇部で、ペアを組んだ江畠選手は日本大学ボート部でそれぞれ活躍している。

観戦ノート

スカルとスウィープボート

ボートはカヌーと逆に、進行方向に背中を向けて固定されたオール（櫂《かい》）を漕ぎ、順位を競う。オリンピックではすべて行われる。

種目は、オールを両手に1本ずつ計2本持って漕ぐ「スカル」と大きなオールを1人1本ずつ持って漕ぐ「スウィープ」の2種に大別される。

漕ぎ手の人数で分けると、スカルには、シングル、ダブル（2人）、クオドルプル（4人）。スウィープは、ペア（2人）、フォア（4人）、エイト（8人）と、それぞれ3種類ある。

オリンピックでは、このスウィープのエイトにだけコックス（舵手）が乗る。

また、スカルには、中川選手が優勝した漕ぎ手の体重制限が設けられたダブルスカルの「軽量級」もある。

それも加えて合計7種目の男女それぞれの競技が行われる。

〈会場・海の森水上競技場＝カヌー・スプリント競技の会場でもある〉

奥谷選手、長野選手——サッカー

サッカーは、断るまでもなく世界的に人気が高いスポーツだが、オリンピックでは、プロのトップ選手が競うＦＩＦＡワールドカップとは異なり、男子チームのメンバーには原則23歳以下という年齢制限がある。ただ、チーム18人中、年齢制限のない選手「オーバーエイジ」枠で3人までが出場可能だ。

女子には年齢制限がない。

モスクワ1980大会まではアマチュア選手のみの参加だった。その後、プロの出場が認められ、若手の優秀な選手たちが国際舞台に躍り出るスプリングボードにもなっている。年齢制限が設けられたのはバルセロナ1992大会から。次のアトランタ1996大会からオーバーエイジ枠が設けられた。

若手選手でチーム編成される男子サッカーだが、やはり競技人口が多く、競争が激しいスポーツだけに、代表メンバーやその候補になるのも容易なことではない。

2020大会に向けて「東京アスリート」に選ばれた奥谷将《おくやしょう》選手（2003年6月生まれ）は江戸川区立瑞江第三中学校出身。高校サッカーの強豪校、修徳高校（葛飾区）サッカー部の選手（GK）だ。

競技実績としては、2019・2020関東トレセンリーグU‐16の東京選抜で活躍している。ほかの多くの東京アスリートはプロチームの下部組織で活動している。奥谷選手は選手サポートのページで、

「僕は、サッカーという一種のスポーツを通して、スポーツが持つ『力』や『感動』を東京都だけではなく、世界中に共有していきたいと思っています」

とコメントしている。東京や次のパリ大会にとどまらず、世界の舞台にどんどん飛び出していって活躍してほしいと願う。

女子サッカーには、ジュニアやユースの世界大会（U‐17、U‐20）で中心選手として

活躍し、２度も世界を制覇している長野風花《ながのふうか》選手（１９９９年3月生まれ）がいる。

江戸川区生まれの長野選手。幼稚園児のとき第五葛西小学校の校庭を練習拠点にしている地元サッカークラブ「葛西ＦＣパルティレ」でサッカーを始めたという。兄たちが所属していたクラブで、男子に混じってプレーをしていたが、次第に才能を開花させ、地域「トレセン」（日本サッカー協会のジュニア育成制度）にも選ばれた。中学に進むと、浦和レッズの下部組織「レッズレディーススジュニアユース」（高校生からはレッズレディースユース）に入団し、日本代表としても活躍している。

２０１4年（平成26年）ＦＩＦＡ Ｕ‐17女子ワールドカップ（コスタリカ）で「リトルなでしこ」の中心メンバーとして、初優勝に貢献した。最年少の15歳だった（その4月都立飛鳥高校に入学）。

同年8月、「えどがわ区民ニュース」は、長野選手のこの活躍とインタビューを柱に特集「輝け！ 心と体 ～スポーツ文化都市江戸川区」を組んで放映している。

その後もアジアカップの活躍などがあり、２０１6年のＵ‐17女子ワールドカップはＰＫ戦に敗れて準優勝。連覇を逃したものの、長野選手は大会ＭＶＰ「ゴールデンボール」に選ばれ、この年のアジア年間最優秀ユース選手賞にも輝いている。

２０１7年にはアジアカップＵ‐19女子選

手権優勝。さらに2018年のFIFA U-20女子ワールドカップ（フランス）では背番号10を背負って司令塔として6試合フル出場し、初の優勝に導いた。長野選手にとって2度目の世界制覇だった。区もスポーツ栄誉賞を贈った。

長野選手は同年、浦和レッズダイヤモンズレディースから韓国のプロチームに移籍して、韓国リーグでプレーをした後の2019年、なでしこリーグ2部の「ちふれASエルフェン埼玉」に入団して新たな挑戦を始めている。

2部リーグからの挑戦は、同チームの菅澤大我監督の指導に魅力を感じたからで、「若いうちにサッカーをもっと学ぶ必要があると考え、この決断をしました。とても難しい決断でしたが、自分を信じ、必ず世界のトップで戦える選手になれるように成長します」とチームのホームページにメッセージを載せている。

長野選手はその前年から「なでしこジャパン」の最年少の招集メンバーになっていたが、2019年6月のフランス女子ワールドカップでは出場メンバーから外れた。

なでしこジャパンは、同大会には高倉麻子監督（世界制覇のときのユース監督）のもと、平均年齢約24歳と参加国中2番目に若い新生チームで臨んだが、ベスト16に終わった。

東京2020大会は、男女ともに日本は開

催国枠で出場が決まっている。男子は7大会連続11回目の出場、なでしこは2大会ぶり5回目。前述のように女子には年齢制限がない。最年少の長野選手のMFはライバルの先輩が多いポジションだけに、代表の座を得るのは容易ではないが、いずれは世界を2度制覇した貴重な経験や力、あくなき成長を求める姿勢やその成果が求められるときがくるに違いない。

〈会場・札幌ドーム、宮城スタジアム、茨城カシマスタジアム、埼玉スタジアム２００２、東京スタジアム、横浜国際総合競技場＝男子決勝、新国立競技場＝女子決勝〉

2 パラリンピック

スポーツの力を信じて――選手の活躍もレガシーに

江戸川区は、東京2020大会の開催決定後から、第Ⅱ部で見るように、パラスポーツの普及とパラリンピック大会の機運盛り上げに大きな力を注いできた。

パラスポーツ先進国のオランダのホスト国になって連携事業を進め、誰もが安心して生活できる「共生社会」の実現を、東京大会の「レガシー（プラスの遺産）」にしていこうとしているのだ。簡単に言えば、スポーツの力で社会を変えていこう、「共生社会」にしていこうということ。そのためのパラスポーツ（さらに健常者も一緒に行うユニバーサル・スポーツ）の推進だ。このような取り組みを行っている区にとっては、まったく関係のないパラリンピック競技などはないともいえる。そのため競技は広く見ていきたいが、それでもやはり区出身、区在住という地元ゆかりのパラ・アスリートの夢に向かっての戦いや大舞台での活躍には特に注目し、期待、応援をしたい。

また、区が進めている「共生社会」の取り組みに賛同し、参加・協力をしているアスリートも少なくない。子どもたちにパラスポーツの魅力を伝え、指導をするためにオランダからやってきた選手やコーチもいる。このような選手にももちろん同じような大きな声援を送りたい。

東京パラリンピック競技大会で行われるのは22競技。新競技としてはこの地に関係深い（公式練習場がある）バドミントン、そしてテコンドーが採用された。

パラリンピックの場合、車いす、義足、視覚障害、知的障害など、さまざまな障害のある選手が出場するため、その種類、程度によってクラス分けされ、種目数の多いのが特徴だ。競争条件をできるだけ揃えて同程度の障害の人による「公平な競争」にするためだ（近い条件の統合クラスもある）。そのため22競技で合計539種目が行われる。

もっとも参加人数の多い陸上競技は、新しく生まれ変わった国立競技場で開会式（8月25日）の3日後から実施される。トラック、フィールド（跳躍、投てき）、ロード（マラソン）で競い合う第1回パラリンピックのローマ1960大会からの正式競技だ。競技種目は、オリンピックとほぼ同様（競歩や近代5種などの複合競技はないが、オリンピックにない「こん棒投げ」という独自競技などがある）。タイム、高さ、距離などを競うルールも基本はほぼ同じだが、クラス分けにより合計168種目が行われる（次いで多い水泳が146種目）。

義足のスプリンター、村上清加選手

●陸上100m／走り幅跳び

江戸川区ゆかりの義足のアスリートで注目されるのは、T42（右大腿義足）クラスの100mと走り幅跳びの村上清加《さやか》選手（1983年7月生まれ）だ。

村上選手は、現在は千葉県印西市在住のママさんアスリートだが、生まれも育ちも江戸川区。25歳の時に貧血で駅のホームから転落して電車と接触。右足大腿切断と左足粉砕骨折の大けがを負った。病院で打ちひしがれていた村上選手を救ったのが、義足の先輩たちの存在や彼らからのアドバイス、そして陸上競技だったという。

区ゆかりのアスリートを応援するスポーツ情報サイト「えどすぽ！」で、村上選手は、「義足の友達がほしくて、スポーツクラブに参加した」ことがパラ陸上を始めたきっかけと語っている。

仲間がいることに励まされ、歩き方から練習をした。そのときに疾走用義足（通称「板バネ」）をつけて颯爽と走る選手を見て、自分もあのように走りたいと思い、元々スポーツ好きであったことから、陸上競技を始め、夢中になっていったという。

それが実を結び、やがて日本のトップレベルのスプリンターになり、走り幅跳びでは2

015年の世界選手権ドーハ大会で8位入賞。翌年にはリオ・パラリンピックの候補選手としてUAEドバイIPCグランプリに出場して当時の日本記録を樹立した。

同年のジャパンパラ陸上競技大会で走り幅跳び2位、100m走3位となったが、残念ながら、リオ大会の出場資格を得るための世界ランクにあと一歩届かず、出場を逃した。その悔しさをバネに、東京大会出場に向けてトレーニングを積み、記録も着実に伸ばし、世界ランクも上げている。その村上選手を力強く支えているのが村上健二コーチだ。

健二コーチは、元は短距離ランナーで、ダッシュ力を活かしてボブスレーの日本代表選手にもなったアスリート。その経験から独自に研究したトレーニング方法などを村上選手にアドバイスをし、コーチをするようになり、やがて2人は結婚し、長女も生まれた。

ママさんアスリートとなった村上選手は、東京パラリンピックに向け、印西市の松山下公園陸上競技場などでトレーニングに励んでいる。千葉県ケーブルテレビのスポーツドキュメンタリー「ちば情熱アスリート」は、村上選手の「一番になりたい！」との強い思いと、夫であるコーチと二人三脚でトレーニングに打ち込んでいる姿を描いていた。

村上選手は、2013年（平成25年）に公益財団法人日本防災協会の「防災普及広報用ポスター」のモデルに起用されたのをはじめ、義足を隠すことなく写真モデルを務めて話題になった。テレビなどのマスコミにも多く登場し、全国の学校などでも、講師として「新しいことにもどんどん挑戦していくこと」や「バリアフリー化」の必要性や大切さを、身をもって示している。その行動力にも声援を送りたい。

車いす女子短距離のエース、中村嘉代選手

●陸上100m・200m

競技用の車いす「レーサー」で競技に挑む注目アスリートに江戸川区在住の中村嘉代《かよ》選手（1981年生まれ）がいる。女子「T54」クラスの100mの日本記録も持つ短距離のエースだ。

中村選手のクラスは、トラック（T）の車いす（5）の選手で、腰から上は機能し、体幹をコントロールできるレベル（4）であることを示している（別項参照）。

生まれつき脊椎に障害があり、両足が動かなかった中村選手。体を動かすことには興味があり、小学生時代、障害者スポーツの雑誌を先生に見せてもらって自分もやってみようと思い、車いすバスケットボールや車いすテニスなどを始めたという。その過程で出会ったのが陸上競技だった。16歳のときで、初めは長距離。すぐに10㎞マラソンで優勝も経験した。

トラックやロードのレースでは、「レー

オリンピックもパラリンピックも熱戦を期待！新国立競技場

サー」と呼ばれる競技用車いすを使う。レーサーには少なくとも3つの車輪（後ろ2輪、前1輪）が付いているが、風よけやギアなどは装着できない。選手は腕力など上半身の力だけで操作する。

3輪の車いすでは、「ハ」の字の形に開いた後輪の間の座シートに座り、前かがみの体勢で、2つの後輪（駆動輪）の外側のリンク（ハンドリム）を両腕で勢いよく回す。スピードを上げるためには、腕を回すというより、上から下に素早く打ち下ろし・跳ね上げる動作を繰り返していく感じだ。そのスピード走法を磨き、風を切って疾走するとき、「それまで感じたことのない風、違った風を感じた」という中村選手は、そのスピード感に魅かれ、短距離のスプリンターとして自らをさらに磨いてトップクラスの選手に成長。2015年の東京都障害者スポーツ大会では、100mと200mで優勝した。だが、リオのパラリンピック大会への出場をかけた選考会では、参加標準記録を突破できず、出場を逃してしまった。

そこで諦めず、「先天性の障害があっても、スポーツができるんだということを伝えたい。そこに私がつづける意味があると思います」と競技続行を決意し、さらにトレーニングを積んで翌2017年のジャパンパラ陸上競技大会の100m、T54クラスで優勝。2018年の同大会の100m、200mでも優勝、インドネシアで開かれたアジアパラ競技大会では100m、200mT54で2位に入った。この間、日本記録を更新、参加標準記録も突破して、東京大会での活躍が期待される車いすスプリンターになった。

リオを逃した後、専門家と相談して、車いすを回す腕の力、それもハンドリムを打ち込むように押す力を付ける筋力トレーニングに取り組んだ。それが効果を上げて持ち味のスタートダッシュに磨きがかかり、記録を更新。「最初に一気に飛び出していく力は、誰にも負けないと思います」と自信を持てるようにもなったという。

中村選手は会社員として働きながら、江戸川区陸上競技場でトレーニングを積んでいるという。前出「えどすぽ！」で、区民へのひ

区は1984年から成績優秀な区民アスリートに「スポーツ栄誉賞」を贈り、陸上競技場のモニュメントに名を刻んで栄光を称えている。中村・村上両選手はそろって2017年に受賞。観覧席のバリアフリー化などを進める競技場はオリンピックの陸上競技の公式練習会場になる（第Ⅲ部参照）

とこととして、「江戸川区に来てスポーツを始め、自立のきっかけをつかめました。障害があってもあきらめることなく、自分を成長させてくれる地域に感謝しています」と述べている。

そして区やボランティア団体によるパラ・スポーツの普及活動や講習会などに積極的に参加し、講師、指導者としての活動もつづけている。

区がパラ競技の普及や車いす生活の子どもたちの体力向上を図る目的で、2016年から毎年何回か区陸上競技場で開いている「車いすアスリート陸上教室」もそのひとつ。車いす生活者（小学生以上18歳まで）に競技用の車いす「レーサー」を体験してもらう講習会で、その操作やスタート練習、100m走などの指導をしている。

この教室のレギュラー講師が、アテネ・北京・ロンドン・リオの4大会連続でパラリンピックに出場した副島正純選手だ。

副島選手（1970年8月生まれ）は、長崎県諫早市在住のプロアスリート（車いすマラソン）。アテネの銅メダル（リレー）や、東京マラソン、ボストンマラソンなどの多くのマラソン大会で優勝しているレジェンドともいえる超ベテラン。車いす陸上競技に特化した障害者スポーツのクラブチーム（一般社団法人ウィルチェアアスリートクラブ　ソシオSOEJIMA）を立ち上げ、子どもたちのチャレンジをサポートしている。

このように指導者になりながら、東京パラリンピックの出場を目標にしていると公言してトレーニングに励み、競技連盟の強化指定B選手にもなった。

何年も江戸川区に通い、多くの教え子に勇気を与えてきた指導者のさらなる挑戦。もちろん若手の強豪も育っているのだから、それは厳しい道であるが、このようにあえてチャレンジしているレジェンドもいるのだ。

データ&メモ

パラ陸上の金メダリスト

パラ陸上のトラック競技は100mや200m走の短距離や中・長距離走、それに4×100mリレーなどが行われる。リレーには4×400mもあるし、東京大会では男女混合4×100mメドレーリレーも実施される。

実施種目はオリンピックよりやや少ないが、障害のクラス別に競技を行うため、同じ種目でも多数のレースが行われる。その代表種目が100m走。リオ2016大会では男子16クラス、女子14クラスの決勝レースが行われ、100m金メダリストが合計30人誕生した。東京大会も同数の30人の金メダリストが生まれる。

それにつづく200m走では、男子5人、女子7人、計12人の金メダリストが誕生する。

観戦ノート

クラス分けと表示

障害のクラス分けは専門の資格を持つ判定員によって医学的、運動機能的な側面から審査して決められる。その表記は、トラック競技なら「T12」というようなアルファベットと2ケタの数字の組み合わせで行われる。フィールドならアルファベットはFとなる。

数字は、十の位が障害の種類（1＝視覚障害、2＝知的障害、3＝脳性まひ、4＝上肢切断・上肢機能障害、5＝脳性まひ以外の車いす、6＝下肢切断など）、一の位が障害の程度（数字は小さいほど障害の程度が重い）を示す。知的障害にはクラス分けはなく20のみ。

例にあげた「T12」は、後述するガイドランナーが伴走する道下美里選手のクラスだが、1は視覚障害で、2は1（全盲など）の次に重い障害を示す。ランナーには、ガイドランナーをつける。100mや200mなどのセパレートコースを走るT11やT12クラスのレースでは、伴走者用レーンが必要だから、8レーンあっても選手は4人しか走れない。

予選から決勝に進出してメダル争いできるのも4人まで。

短距離走では、スタートダッシュからゴールまで、選手と一体となったガイドランナーの走り、同調性が重要で、勝敗を大きく左右する。そこも見どころという。

区でも講演したレジェンド、土田選手らの挑戦

●陸上・長距離

江戸川区在住の中村嘉代選手は、「えどすぽ！」で、好きな言葉は「夢」と答え、尊敬する人物として、「女性パラアスリートのレジェンド」ともいえる存在で、東京２０２０大会では鉄人レース（トライアスロン）に挑む土田和歌子選手（１９７４年10月生まれ、東京都清瀬市出身）の名をあげている。

土田選手は、日本人初の夏冬パラリンピックの金メダリスト。江戸川区が２０１７年（平成29年）７月、東京２０２０大会に向けて開いた講演会「みんなで創ろう　江戸川区のオリンピック・パラリンピックレガシー」（総合文化センター）で特別講演「今を受け入れ、今を越える～出会い、そして挑戦～」を行い、多くの区民に感動を与えた。

土田選手は、高校2年のときに交通事故に遭い、車いす生活になるが、高校卒業後、都の職員として働きながら冬季のパラスポーツに挑戦する。１９９４年のリレハンメル大会のアイススレッジ（小型そり）スピードレースに初出場。１９９８年の長野大会で同レースで金メダル2、銀メダル2を獲得。その後、プロの陸上競技選手に転向し、２０００年のシドニー大会の車いすマラソンで銅メダル。２００４年のアテネでは５０００ｍで

金、マラソンで銀を獲得した。

陸上に転向したのは、得意のアイススレッジ競技が、冬季パラリンピックで不採用になったからだという。

そして2008年の北京大会では、5000mで、前を走っていた選手たちの車いすクラッシュに巻き込まれて負傷、途中棄権。しかも肋骨骨折の重傷で2カ月入院し、金メダル候補だった最終日のマラソンには出場さえできなかった。

この悲劇も乗り越えて復活した。2012年のロンドン大会では5000m6位、マラソンはまたも転倒というアクシデントに見舞われながら5位。そして2013年にはT54クラスのマラソン世界記録を更新。2016年のリオ大会では残念ながら4位、それもトップとは1秒差というゴール付近の大接戦の末のくやしい結果だった。

この土田選手が、東京大会に向けてトライアスロンに挑戦している。トライアスロンは、スイム(水泳)、バイク(自転車)、ラン(ランニング)を連続して行う「鉄人レース」だ。距離はそれぞれオリンピックの半分、車いす(座位)の選手は、バイクはハンドバイク、ランは車いすだ。2016年のリオ大会からパラリンピックの正式種目になった(オリンピックは2000年のシドニー大会から)。

土田選手は、このトライアスロンの車いすクラス(PTWC)女子で、たちまちトップ選手になり、パラ・トライアスロン最高峰シリーズ戦の「ＩＴＵ世界パラトライアスロンシリーズ」（横浜）では２０１７年、２０１８年と連覇（東京大会誘致に活躍した谷真海選手も立位のＰＴＳ４クラスで連覇）。さらに３連覇を狙った２０１９年は４位（谷選手は２位）に終わったが、同年８月に、オリ・パラのトライアスロンの会場になるお台場海浜公園で開催された「ワールドカップ」では優勝。本番に向けて各国のトップアスリートが集まって行われたテスト大会だけに勝利の意味は大きい。

ただ、猛暑のなかのこの日、本番会場なのに水質汚染でスイムが急遽中止になり、ラン（２・５㎞）、バイク（20㎞）、ラン（５㎞）とスイム抜きの２種目の変則レースになった。元マラソン選手には有利なレースでの勝利だったので、土田選手は今後の課題としてスイムの強化をあげ、兜の緒を締めていた（選手の個人的な課題以上に、「海水の汚染」対策という大きな課題が見つかったテスト大会でもあった）。

この45歳の超人、土田選手がさらに驚かせたのが、東京大会でマラソンにも挑戦するといって代表選考レースにも出場したことだ。一つの大会でマラソン、トライアスロンに挑戦するなどは、異例中の異例といえる。

もちろん、このようなベテラン土田選手のあくなき挑戦は、中村嘉代選手をはじめ多くの日本のパラアスリートをさらに勇気づけるものになっているはずだ。

困難や躓き、悲劇を次つぎに乗り越えてきた強靭な精神、前向きの姿勢は、みなの目標にもなり、パラアスリートの背中をさらに強く押す。もちろん観客、声援を送る側も同じように勇気づけられるといえる。

観戦ノート

「東京コースを走る」マラソンやガイドランナーにも注目を

パラ陸上の競技ルールは、オリンピックとほぼ同じだが、やはり障害の内容や種目の特性などに応じて一部異なる。

たとえば視覚障害の重いクラス（全盲など）では、前述のとおり、アスリートの目の代わりとなる「ガイドランナー」（あるいは「ガイド」）と呼ばれる伴走者が並んで走る。ガイドランナーは選手とロープを握り合うなどして一緒に走るが、その役目は、選手の安全第一に、コース状況やタイム、周囲の様子などを言葉で伝えてフィニッシュラインに導くこと。選手が走りやすいようにフォームや走路、ペースなどに気を配るが、それはあくまでも情報提供者として。選手を引っ張って先導したり、選手より先にフィニッシュラインを越えたりすることは厳禁。失格になってしまう。

パラリンピックでも花とされるマラソンは４２・１９５㎞を走るが、オリンピックとは違い、ガイドランナーが伴走する「視覚障害者」（男女、「ブラインドマラソン」

と呼ばれる）と「車いす」（男女）、そして「上肢障害者」（男子）の3レースが行われる。

リオ2016大会の女子の「ブラインドマラソン」では、道下美里選手（山口県出身、三井住友海上火災保険）が銀メダルに輝いた。

道下選手は、その後の国際大会でも好成績をおさめ、2017年の防府読売マラソンで2時間56分14秒の世界新記録（T12クラス）を樹立するなどの活躍がつづき、東京大会に向けて注目度も高くなっている。

選手の活躍とともに、ガイドランナーにもスポットライトが当てられ、アスリートのオリ・パラ大会への「参加の道」のひとつとしても注目されている。

もちろんマラソンコースを選手のスピード、ペースに合わせて走るのだから、誰にでもできることではないが、このようなサポート役として積極的に参加するアスリートが増え、それができる環境が整うきっかけになれば、東京オリ・パラ大会の意義も、より大きなものになるといえる。短距離走などのトラック競技でも同じだ。

観戦ノート

見どころ満載！　パラマラソン

パラリンピックのマラソンは、急遽、札幌に移ってしまったオリンピックと違い、予定どおり東京のマラソンコースを走る。新国立競技場をスタート・フィニッシュ点にして、浅草雷門、日本橋、銀座、増上寺、東京タワー、皇居外苑など、東京の名所を巡るコースだ。

パラ・マラソンが実施されるのは9月になってから。オリンピックほどの猛暑のなかではない。IOCが札幌移転の指示を出したときも、IPC（国際パラリンピック委員会）はその必要性なしと発表して関係者を安心させた。

もちろん9月とはいえ、選手も観客も暑さ対策は必要だろうが、東京コースは、都民が大会や選手を身近に感じる素晴らしい舞台になることは間違いない。

日本パラ陸上競技連盟の増田明美会長は、このコースについて、「選手にとっても、観客にとっても〝ザ・東京〟を感じる魅力的なコース。ただ選手には、終盤の上り坂が過酷で、特に車いすの選手にとっては過去最高にキツいコースかもしれない。だからこそ、それを乗り越えてスタジアムに戻った時の歓声に感動すると思う」とコメントしている。

オリンピックのマラソンでも、早くから終盤の上り坂が勝敗の分かれ目などと指摘されていた。ブラインドマラソンでも同じだろう。後半37㎞以降、飯田橋あたりから40㎞付近までつづく高低差約30ｍある上り坂。その迎え方と攻略法、それに暑さ対策などが全マラソンに共通の勝敗を分ける大きなポイントになりそうだ。

オリンピックのマラソンコースが札幌に変更になる際、「マラソンによって東京のまちの素晴らしさを全世界に発信する絶好の機会を失う」との反対意見もあった。

その分、パラリンピックのマラソンを盛り上げて、東京のまちを、さまざまな形で世界に発信していくことが重要になるのではないだろうか。

オールラウンドスイマー辻内彩野選手らに期待！

●水泳

パラ水泳では、江戸川区から国際舞台に飛び出したオールラウンドスイマーの新星、辻《つじ》内彩野《うちあやの》選手（１９９６年10月生まれ、三菱商事）への期待が高まる。

辻内選手は、視覚障害Ｓ13（視覚障害・弱視クラス）の女子水泳選手で、自由形やバタフライ、メドレーリレーなど、いくつもの日本記録を持っている。

パラ水泳界にすい星のごとく現れたのは２０１７年（平成29年）だった。同年９月の「東日本大震災復興支援Ｗｏｒｌｄ　Ｐａｒａ　Ｓｗｉｍｍｉｎｇ公認２０１７ジャパンパラ水泳競技大会」に初出場、50ｍ、１００ｍの自由形と１００ｍ平泳ぎの３競技で、それぞれ日本新記録を出して優勝。江戸川区に生まれ育ち、当時、了徳寺大学（千葉県浦安市）の整復医療・トレーナー学科３年生だった辻内選手が一躍脚光を浴びる存在になったのだ。

翌年、さらなる活躍によって東京2020パラリンピックへの期待を大きく膨らませ区の広報紙やビデオニュースの「輝石の魂」(同年8月)でも、「江戸川区に現れた新星」への応援を呼び掛けている。

そのなかで辻内選手は、スイマーの両親の影響で小学校3年生から水泳を始めたことなどを語っている。目に障害が出る前のことだ。中学、高校時代、競泳に本格的に取り組み、多くの大会にも出場。高校生のときにリレー選手としてインターハイにも出場したが、腕の靭帯を損傷するなど、ケガが相次いだため競泳は高校までと思い、プールからは次第に遠ざかるようになっていったという。

一方、高校時代に黒板の字などが読みづらくなり、作ったメガネもすぐ合わなくなった。大学進学後、眼科医から「黄斑ジストロフィー」と告げられた。網膜にある視力に関わる黄斑に障害があり、視野が狭まり視力も徐々に低下するという難病だった。やがて障害者手帳の交付を受けた。

打ちひしがれている辻内選手に大きな励ましを与えたのが、2016年のリオ・パラリンピックだった。高校時代(市川市の昭和学院高校)の水泳部の同級生で親友の森下友紀選手(上肢障害)が出場して活躍している姿(リレーで6位入賞)などに心を動かされたという。大学2年のときだった。

辻内選手を応援する三菱商事のサイト。DREAM AS ONEはパラ選手の勇気と希望、感動を共有し応援の輪を広げようとスタートさせた同社の支援プログラム

その思いを打ち明けたときに、森下選手に誘われ、今後、パラ水泳界で戦うことを決意する。約2年のブランクがあったが、前述のように2017年にパラ水泳にデビューして、たちまち視覚障害のトップ選手に躍り出たのだ。

以降、さまざまな大会に出場して好成績をおさめている。たとえば2018年のパンパシフィックパラ水泳選手権大会では、金1（視覚障害者の混合4×100m自由形リレー）、銀3（女子50m自由形、100m平泳ぎ、100m背泳ぎ）、銅メダル1（400m自由形）というめざましい活躍を見せ、日本記録も次つぎに塗り替えた。

さらに2019年3月の世界選手権代表選

考会でも、自身の持つ日本記録を次つぎに更新し、初の世界選手権の代表になった。なかでも50m自由形の27秒92は高校時代に健常者として出した28秒10を0・2秒上回る自己ベストでもあった。

同年9月の世界選手権では、100m平泳ぎで、自らの日本記録を1・28秒縮めるタイムで銅メダルを獲得。その力強い泳ぎは、いよいよ東京パラリンピックへの期待を高めるものになった。

オールラウンドスイマーの辻内選手だが、最も得意とするのは100m、200mの自由形。だが、東京パラリンピックでは、辻内選手のS13クラスに、この種目がない。自由形は50mと400mだけ。それでもその両方に挑戦するために全力で備えをしているという。

小学生時代から泳ぎ続けてきた素地があったとはいえ、パラ水泳を始めてまだわずか。ノビシロは大きいはずだ。さらに強くなって夢の舞台で活躍することを期待したい。

また、辻内選手は、2018年に区スポーツ栄誉賞を受賞。都の「東京アスリート認定選手」にもなっている。その選手紹介のなかで、

「私の目標は、2020年東京パラリンピックでメダルを取ることです。この大会でメダルを取るということは、生まれ育った地元・東京への恩返しだと思っています」

「パラの世界はまだあまり知られていないの

で、私が架け橋となり、一人でも多くの人が興味を抱いてくれるよう情報発信していきます」

とコメント。実際に、辻内選手はパラスポーツ普及のための区のイベントにも積極的に参加している。

たとえば2018年11月開催の「パラスポーツフェスタえどがわ」に参加したときには、区の広報紙が、「(辻内選手は) トークショーでは持前の笑顔で会場を盛り上げ、デモンストレーションでは200m個人メドレーを披露し、力強い泳ぎに会場は圧倒されました。会場には子どもから熟年者まで約1000人の方々が訪れ、様々なパラスポーツを体験しました」と報告している。

そのイベント参加者を含め、多くの区民が応援をしているはずだ。

リハビリからトップスイマーに、花岡選手

パラ競泳選手では、キャリアは浅いが急成長して日本のトップクラスの選手になった花岡恵梨香《えりか》選手（1989年7月生まれ）も注目株。江戸川区で生まれ育った津田塾大学の大学院生（理学研究科後期博士課程）だ。

車いす生活になった花岡選手が競泳に挑戦したのは2017年という。その年、全国大会で早くも50m自由形（S6）で優勝。平泳ぎ、バタフライ、背泳でも好成績をおさめ、2019年のジャパンパラ水泳競技大会では100mバタフライ（S8）と400m自由形（S8）で優勝。100m背泳ぎで2位に入るなど活躍した。

花岡選手は、やはり区の「えどすぽ！」で、「私は病気のため麻痺になりました。2016年のリオパラリンピックをテレビで見ていた時に、麻痺のある選手も残された機能を使って泳いでいる姿を見て、体を動かすことによりリハビリにもなるかなと思い水泳を始めました」と泳ぎを始めた動機を説明している。

水泳教室の泳ぎに夢中になっていた花岡さんが、葛藤もあったが背中を押されてパラ競泳に挑戦し始め、前述のようにすぐ結果も出した。そのアジアから世界に向けての挑戦を大学の仲間も応援している。

区民に対しては、「『見ている人の心に響く泳ぎをしたい』と思って日々練習に取り組み、大会に出ています。練習中の泳ぎでも、大会の泳ぎでも、見ている人の心に響く泳ぎができるように全力で競技に取り組んでいます。応援のほどよろしくお願いいたします」と述べている。

本格挑戦してから日はまだ浅い。だが、それも強みに、常に目を先に向けて、心に響く挑戦をつづけていってほしい。

観戦ノート

パラ水泳の特徴

水泳は、陸上競技同様、1960年の第1回パラリンピック・ローマ大会から実施されている。出場選手も陸上競技に次いで多い。やはり条件を揃えて公平な競争になるように障害の種類、程度、運動機能などによって分けられたクラスで競う。

競技ルールはオリンピックの競泳に準ずるが、障害に合わせて一部変更されている。

スタートは、自由形や平泳ぎ、バタフライは飛び込み台から行うのが基本だが、障害によっては水中からのスタートも許されている。背泳ぎはスタート台のスターティンググリップを握り、水中からのスタートを基本とするが、グリップを握ることが難しい場合、ベルトなどの補助具を使うことや、ひもやタオルを口にくわえてスタート体勢を取ることも認められている。

ゴールも、両手タッチが原則の平泳ぎやバタフライでも、障害によって上半身の一部でのゴールタッチが認められている。

また、視覚障害者の場合、プールの壁を目で確認できないため、ターンやゴールのときに壁にぶつかってケガをしないよう、また、その恐怖心を取り除くために、コーチなどがプールの上から選手に合図を送ることが許されている。全盲（S11）クラスの選手にはこの合図が義務付けられている。ターンやゴール直前にコーチなどが合図棒で選手の頭や身体にタッチして合図をする。これを「タッピング」、合図を送る人を「タッパー」と呼ぶ。

また、個人メドレーには150mと200mがある。オリンピックにはない150

mメドレーは、背泳ぎ、平泳ぎ、自由形の順に泳ぐ。バタフライがない。

江戸川区を拠点に活躍する選手たちに声援を！

●パラ・バドミントン

東京2020大会で初めて正式競技になるパラ・バドミントン。それが決定してから、江戸川区は、「カヌー区」をめざす動きに負けないスピードで、パラ・バドミントンの本拠地、さらに「パラ・バドのまち」になりつつあるといえる。

その大きな要因は、江戸川区西葛西に、世界に誇れるような素晴らしいパラ・バドの専用トレーニング場ができたことだ。そこにパラリンピック出場をめざす多くのアスリートが集まり、トレーニングを積んでいる。

このトレーニング場は一般社団法人日本障がい者バドミントン連盟のオフィシャルゴールドパートナーのヒューリック（本社・東京都中央区＝東証1部上場）が無償提供している施設「ヒューリック西葛西体育館」だ。

同社は、みずほグループの不動産会社。社会貢献活動（CSR）に熱心で、連盟を支援。さらに2017年に国内初のパラ・バドミントンの国際大会「ヒューリック・ダイハツJAPANパラバドミントンインターナショナル2017」の冠《かんむり》協賛を行っている。

また、自社の西葛西センタービル体育館

（西葛西3丁目）をパラ・バド専用のトレーニング場に改修。２０１７年9月から選手用の練習施設として無償貸与しているのだ（協賛・貸与期間は10年）。

コート8面。スロープや自動ドアを設け、ロッカー室をバリアフリーにし、シャワー室を新設、トイレも改修した。専用トレーニング場として安定的に使用できるため、この体育館の近くに住まいを移している選手も少なくないようだ。バドミントンに限らず、練習場の確保が大変で、思うように練習ができないという悩みを持つパラ・アスリートが少なくないなかで、素晴らしい環境が整えられ、江戸川区が「パラ・バトのまち」になりつつある。東京大会での選手の活躍、大会の盛り上がりによって、この流れにさらに勢いがつくことを期待したい。同連盟の事務局も西葛西（5丁目）にある。

世界で戦う浦、広井、長島、大江選手ら

パラ・バドミントンの実力者、浦哲雄選手（１９７５年4月生まれ）は、いち早く江戸川区民になり、区のイベントや広報紙などにも参加、登場してきた。福岡県出身。日本オラクル所属のＳＵ５（立位・上肢障害）の選手だ。

国際大会での戦績は、２０１７年ジャパン国際大会のシングルス準優勝、男子ダブルス3位。２０１８年ブラジル国際大会ではシングルス３位、男子ダブルス優勝、混合ダブル

ス3位、同年のジャパン国際大会・男子ダブルス3位など。

堂々たる成績を上げ、東京大会に向け、日本の選手たちのリーダー格になってトレーニングを積んでいる。

浦選手は、区のスポーツ情報サイト「えどすぽ！」で、競技を始めたきっかけとして、「障害者になって何事にも自信を無くしていた時に、知人に誘われたバドミントンをやり始めたらすごく楽しかったから」と答え「メダル獲得を目指して頑張ります。応援のほどよろしくお願いいたします」との区民へのメッセージを。

広井拓《たく》選手（1973年11月生まれ）は北海道出身。SL3（立位・下肢障害）の雪印メグミルク所属の選手。多くの国際大会で活躍。たとえば2018年にはトルコ国際大会ダブルスとミックスダブルスで各3位、ブラジル国際大会でも銅メダル3つ、オーストラリア国際大会ではシングルスとダブルスで3位という成績を残している。

やはり「えどすぽ！」で、「中学校でバドミントンを始めて、高校まで部活動で競技をしていました。24歳の時、オートバイ乗車中に事故に遭い、左膝が曲がらなくなりました。30歳の時にバドミントンならコートも狭いし、足が不自由になってもできるのではないか？　と思い、競技を再開しました」と語り、「しかし、そんなに甘くはなく、狭いと思ったコートは広かったですが……」と付け

ヒューリック社提供のパラ・バドミントン専用体育館

国立代々木競技場がパラ・バドミントン会場に（ほかに車いすラグビー。
オリンピック競技ではハンドボール）

加えている。

長島理《おさむ》選手（1979年10月生まれ）はクラスがWH1（車いす・下肢障害）の選手。埼玉県出身。多くの大会で上位に食い込み、2017年のペルー・インターナショナルで、シングルス、ダブルス、ミックスダブルスで優勝、3冠に輝いた。

翌年のトルコ・インターナショナルでも2冠。2019年のトルコ国際大会では男子ダブルス3位。

「中学生の時に部活動としてバドミントンを始めました。大学生の時に事故によって車いす生活となり、リハビリ後に車いすバドミントンを始めました」

と、やはり「えどすぽ！」で語っている。

冬にはチェアスキー（座って滑るスキー）を楽しんでいるという。「継続は力なり」が好きな言葉で、それを実践している選手生活ともいえる。

大江守選手（1973年6月生まれ）もWH1（車いす・下肢障害）の選手。長崎県出身。

パラ・バドミントンは「自分自身の健康のため、趣味としてはじめたことがきっかけ」と「えどすぽ！」で答えている。

2018年にブラジル国際大会で男子シングルス2位、男子ダブルス3位、トルコ国際大会のミックスダブルスでベスト8などの戦績を誇る。

このように江戸川区民として活躍している

選手、あるいは区民になっていなくても東京大会に向けて西葛西の専用練習場でトレーニングを積んでいる有力選手が少なくない。

女子の金メダル候補、鈴木選手に里見選手

世界トップクラスの女子選手も西葛西に集まっている。

区民にはなっていないが、この専用体育館でトレーニングを積んでいる選手のなかに国際大会で優勝を重ねて世界ランキング１位（女子シングルスＳＵ５）の鈴木亜弥子選手（１９８７年生まれ、埼玉県出身、七十七銀行所属）がいる。右腕に先天性の機能障害のある上肢障害の選手だ。２０１０年のアジアパラ競技大会での優勝を最後に引退していたが、東京大会でパラ・バドミントンが正式競技になったことから、２０１６年に５年ぶりに現役復帰。１年ほどで世界ランキング１位になった東京大会の金メダル候補だ。

また、江戸川区では２０１８年９月、区スポーツセンターでパラ・バドミントン体験会を２日間にわたって開いた。その時に特別ゲストとして参加者を指導したのが男子のベテランの村山浩選手（１９７４年３月生まれ）と女子の新鋭、里見紗李奈《さりな》選手（１９９８年４月生まれ）だった。

２選手とも千葉県出身（在住）の下肢に障害があるＷＨ１クラスの選手で、競技用車いすでプレーする。

その指導によってパラ・バドを身近に感

じ、その魅力を知った区民参加者は、同月末に町田市総合体育館で開かれた国際大会2018（前出ヒューリック社の冠大会）の応援ツアーに参加して、間近で熱い声援を送った。その区民の前で日本勢は大活躍。前年の3個を大きく上回る9個の金メダルを獲得したのだ。なかでも脚光を浴びたのが、体験会で指導してくれた20歳の里見選手だった。シングルスとダブルの2種目で優勝したのだ。

里見選手は、交通事故に遭い、リハビリの一環としてバドミントンを始めたという。本格的に取り組み始めたのは2017年だから、国際大会もまだ2度目の挑戦で早くも金メダルを獲得。マスコミの取材を受けて、趣味程度だったパラ・バドに本格的に取り組むようになったのは、前述の体験会で、ゲストとして一緒に区民を指導したベテランの村山選手から「パラリンピックをめざせるよ」と背中を押されたからだと語っていた。

同大会で里見選手とのダブルスで金メダルに輝いたのは、山崎悠麻《ゆま》選手（1988年4月生まれ、NTT都市開発）。WH2クラスの選手で、シングルスと混合ダブルスも制して3冠。日野市ゆかりの「東京アスリート認定選手」（前出）で、国際大会の優勝経験も豊富だが3冠は初。やはり東京大会の金メダル候補だ。

2019年11月の同国際大会でも、SU5女子シングルスは前出の鈴木選手、WH1・2女子ダブルスは里見・山崎選手が連覇を達成した。

　ほかに銀や銅メダリストも生まれている。西葛西の専用体育館は、確実に選手のレベルアップ、パラ・バドの普及につながっているといえる。

　東京大会でさらに大きな成果を上げ、人気も選手層も広がり、パラ・バドといえば日本、江戸川区だ、といわれるようになっていくことも期待したい。

観戦ノート

2分の1コートも

　パラ・バドミントンには、車いすと立位があり、障害の程度で6つのクラスに分けられる。両方の下肢および体幹機能に障害がある里見選手が属するＷＨ１クラスは、背もたれのない競技用車いすを使用する。

　ルールやコート、ネットなどはオリンピックのバドミントンとほぼ同じだが、車いすのＷＨ１、ＷＨ２のクラスと、立位の１クラスのシングルスは、通常のコートの半面だけを使う。ネット中央で半分にした横の狭い細長いコートにする。

　また、車いすのクラスでは、ネット近くの一定の範囲に落ちたシャトルはアウトになるなど、クラスに応じてルール上の工夫もされている。

前向きに国際舞台で活躍、渡邊剛選手

●パラ卓球

　オリンピックの卓球は、２０１２年のロンドン大会の銀、前回リオの銅で日本中を沸かせた女子団体（男子も団体銀など）の健闘や若手選手の活躍で注目度も期待度も高い。世界的にも人気の高い競技で、パラリンピックでは１９６０年の第1回ローマ大会から実施されている。オリンピックで正式競技になったのは１９８８年のソウル大会だから、パラリンピックの方が24年も早い。障害により、肢体不自由クラスの車いすと立位、そして知的障害の程度によって全11クラスに分かれて戦う。

　この卓球で期待を集めている区在住の車いすアスリートが渡邊剛選手（福岡県出身）だ。２０１８年スペイン・オープン個人銅メダルなど多くの世界大会で活躍をしている。

　渡邊選手は２００６年（平成18年）、32歳の時にバイクの事故で脊髄《せきずい》損傷を負って車いす生活になった。パラ卓球を始めたのは２０１３年から。その前年秋、中学の同級生が同じバイク事故で車いす生活を送っていることを知り、再会すると、同級生は車いすマラソンの有力選手になっていた。その彼から勧められて始めたのがパラ卓球だったという。

　その同級生の洞《ほき》ノ《の》上《うえ》浩太《こうた》選手（福岡県出

パラリンピックもオリンピックも卓球会場は新国立競技場近くの東京体育館

パラ選手にとって嬉しい練習場ナショナル・トレーニング・センターの拡充棟

身、ヤフー所属）は、マラソンですでに2008年の北京パラリンピック5位、ロンドン2012大会でも6位入賞を果たしていた（その後、ベルリンマラソンや東京マラソンなどで優勝。リオでは7位入賞）。

渡邊選手が、中学・高校時代に卓球部で活躍していたことを知っていた洞ノ上選手が、パラ卓球を強く勧め、

「パラリンピックの選手村で会おう！」

といってくれたという。

この勧めと励ましを受け、渡邊選手は翌年、再びラケットを握った。約20年ぶりだった。

渡邊選手が区のビデオレポート「輝石の魂」（2018年10月1日放映）に登場して強調しているのは、卓球を始めたことで、「気持ちが前向きになった」こと。そして、もっともっと前を向こうとトレーニングに励み、成果を上げ「自分が持っている障害を不幸とは思わなくなった」ということ。これが「スポーツの恩恵」と語っている。

渡邊選手は、地下鉄東西線・葛西駅近くの「T．T Labo」（中葛西5丁目）という卓球場を拠点にトレーニングを積んでいる。ここでソウル・オリンピック代表だった内山京子コーチとの出会いもあり、その指導を受けて、パラリンピック出場も本気で考えるようになったという。

東京大会の前年（2019年）、IT企業のシスコ・システムズに入社した。同社には

日本代表の石川佳純選手、張本智和選手が「アスリート・アンバサダー」として所属している。渡邊選手は3人目の卓球選手になった。２０２０大会をめざして、「世界を相手に戦うための環境を整えるため」と、入社動機を同社のホームページで語っている。やはり前向きである。

この姿勢で友の言葉（「選手村で会おう！」）を実現し、ともに大いに活躍してほしいと願う。

渡邊選手は、区や都などのさまざまなイベントに講師や指導者として参加、協力し、パラスポーツの振興にも力を注いでいる。

区がホストタウンになっているオランダから来日した女子金メダリストのケリー・ファン・ゾン選手相手の白熱のラリーを１０００人の区民の前で披露したこともある（２０１7年11月、スポーツセンターの「第２回パラスポーツフェスタえどがわ」）。

ケリー・ファン・ゾン選手は、ロンドン、リオを連覇した立位クラス7のトップ選手。何度か訪日し、パラスポーツの魅力を伝える活動を行っている。本大会が３連覇をかけた戦いとなった場合は、もちろん熱い声援を送りたい。

〈会場・渋谷区千駄ヶ谷の東京体育館＝オリンピックの卓球会場でもある〉

観戦ノート

パラ卓球とサーブ

パラ卓球は、障害の程度や運動機能

などから重い順に、車いすはクラス1〜5（渡邉選手はクラス3）、立位はクラス6〜10（ケリー・ファン・ゾン選手はクラス7）と細かく分かれて戦う。知的障害はクラス11の1クラスのみ（卓球は陸上、水泳と並んで知的障害クラスがあるパラリンピック種目、オリンピックと同じルールで行われる）。

用具や基本的なルールはオリンピックの卓球とほぼ同じだが、障害によって特別ルールも設けられている。試合は1セット11点先取の5セット制、3セット先取した方が勝ち。試合は男女別の個人戦と2〜4人でチームを組んで戦う団体戦がある（ダブルスはない）。それぞれクラス別に競技を行う。

ルール上の主な違いは、まず、サーブのトス。オリンピックのルールでは開いた手のひらにボールを乗せて卓球台より垂直方向に16cm以上投げてから打たなければならないが、障害の特性によってそれが難しい場合、ひじ先やラケットに乗せてからトスをして打つような工夫も認められている。

また、車いすクラスでは、サーブした後、ボールが守備側コートでバウンドした後、サイドラインを横切った場合はレット（やり直し）。バウンドさせてエンドラインを通過するように打たなければならない。

選手は障害に応じて、車いすのほか義足、杖などの補助具を使ったり、ラケットを口でくわえたりと、さまざまなプレーススタイルで競技をする。

日本選手はこれまで多数出場して入賞者を出している。リオ大会に日本選手団最年長の68歳で出場した別所キミヱ選手（車いすクラス5）は、アテネ2004大会から3大会の連続出場、北京2008大会から3大会連続入賞している。

駆け引きが醍醐味とパラ剣士、加納慎太郎選手

●車いすフェンシング

2018年（平成30年）12月、日本で初めて車いすフェンシングのワールドカップ（京都大会）が開かれた。日本勢男子ではキャリアは浅いが瞬く間に日本のトップ選手となり、東京2020大会をめざして戦っている加納慎太郎選手（1985年3月生まれ）に大きな声援が送られた。女子ではエースの櫻井杏理選手がフルーレ（女子B）で日本人唯一となる銅メダルを獲得した。

車いすフェンシングは、北京オリンピック銀メダルの太田雄貴さん（現・日本フェンシング協会会長）の活躍で認知度を一挙に高めたオリンピックのフェンシングと基本は同じ。ユニフォーム、剣、マスクなど同じ装具で、フルーレ（メタルジャケットを着た胴体のみの突き）、エペ（上半身の突き）、サーブル（上半身の突きと斬る）の3種目が行われ

る。

ただ、車いすフェンシングでは、両者が「ピスト」と呼ばれる床の装置に一定の間隔で固定される。そこで上半身のみを使って戦う。これが大きな特徴だ。

また、パラリンピックやW杯などでは、障害の程度によってAと、より重い障害Bの2つのカテゴリーで競技が行われる。

加納選手は、2017年日本選手権大会カテゴリーミックス3位、カテゴリーA（エペ）優勝、カテゴリーB（サーブル）優勝、2018年アジアパラ競技大会では男子団体サーブルと同フルーレで3位。

西葛西在住。区のスポーツ情報サイト「えどすぽ！」で、車いすフェンシングを始めるきっかけについて、「幼い頃からずっと剣道に打ち込んでいました。16歳の時にオートバイの事故で左足を切断しましたが、それでも義足で剣道を続けていました。2013年に東京パラリンピック開催が決まった頃、車いすフェンシングと出会い、ずっと竹刀を持っていたので、サーベルにも違和感なく馴染めたのが、競技を始めたきっかけとなりました」と語っている。

剣道は父親の影響で始め、事故後も、健常者に混じって稽古をしていたが、東京パラリンピックに向けて車いすフェンシングに挑戦しようと決意する。競技の魅力については、「車いすフェンシングは、選手2人が車いすに座って向かい合い、至近距離で打ち合う競

お台場の船の科学館の隣にある日本財団パラアリーナ

技です。車いすは床に固定されていて逃げ場は全くありません。『アレ（はじめ）！』というコールがある前から相手の様子をうかがい、相手の戦術を読み、試合展開をイメージします。剣道をしていた子どもの頃から相手との駆け引きが好きでした。車いすフェンシングの一瞬の駆け引きが醍醐味だと思います」

と語る。フットワークを使わない分、より剣さばきの技術とスピード、駆け引きが求められるという。

加納選手は、福岡市出身。熊本総合医療リハビリテーション学院（義肢装具学専攻）を出て、上京。仕事（ヤフー株式会社社員）をしながらトレーニングを積み、国内ランキングを上げてきた。

その「仕事とフェンシングの両立」を何より大事に考えて取り組んでいること、そして仕事仲間にフェンシングへの理解が広がっているのが大きな支えになっていることなどを区の広報番組の中で強調している。

練習をよく行っているのは、お台場の日本財団パラアリーナ（別項参照）。その周辺から見る景色が好きで、練習の終わりにストレッチをしながら海沿いを散歩しているという。そして「競技力だけではなく社会人としても成長できるように日々努力します。2020年東京パラリンピックでは応援して良かったと思える結果と選手を目指しますので応援の程よろしくお願いいたします」とコメントしている。

その思いを込めた真摯で熱い戦いを期待したい。

データ&メモ

日本の車いすフェンシングの歴史

車いすフェンシングは、1960年の第1回ローマ大会からのパラリンピック正式競技。前回の東京1964大会に日本人選手が出場した記録はあるが、その後30年近く選手も出ず、国内で大会が開かれることもなかったという。そんななかで1998年（平成10年）、京都市に日本車いすフェンシング協会が設立された。その数年前から京都市障害者スポーツセンターで練習を

していた競技者グループが結成したものだが、国内大会を開くほどにはならず、選手は海外遠征で腕を磨き、２０００年シドニー、２００４年アテネ、２００８年北京に代表選手を送り出したものの、その後再び休眠状態になっていた。だが、東京大会開催が決まり、２０１５年、同会は大会出場をめざしてＮＰＯ法人日本車いすフェンシング協会（本部・京都市左京区下鴨高木町）として再スタート。廃校（元山王小）を改装して常設練習場にしたことから、そこが拠点になり、全国から競技者も集まるようになったという。

　そして２０１８年12月には前述のワールドカップ京都大会を開き、世界の強豪フェンサーが一堂に会して技を競った。東京大会という目標とともに常設練習場ができて、国内のパラフェンシングが復活した。

データ&メモ

パラ選手のトレーニングセンター

オリンピックをめざすアスリートのための東京都北区のナショナルトレーニングセンター（ＮＴＣ）に、パラリンピックのトップ選手も共同利用できる強化拠点として拡充棟が建設された。地上６階、地下１階のユニバーサルデザインを採用した延べ床面積約３万㎡の施設で、工事費約１９４億円。

水泳、卓球、フェンシング、アーチェリー、射撃の専用練習場を備え、すべての競技団体が使える４面の共用コートはパラ競技団体が優先的に利用できる。ジムや浴室のほか82室（計１４３人収容）の宿泊施設や食堂もある。パラリンピック開催の１年前の２０１９年８月から本格的に稼働している。

また、加納選手がトレーニングをしている前出の日本財団パラアリーナ（パラリンピックサポートセンター）は２０１８年６月完成。お台場の船の科学館敷地内（品川区東八潮）の鉄骨１階建て。延べ床面積約３０００㎡。アリーナ（メインフロア）約２０００㎡。ユニバーサルデザインを全面的に取り入れ、メインフロアには、ボッチャ、車いすバスケットボール、ラグビー、ゴールボールといったパラリンピック競技のコートラインが引かれ、トレーニングルームにも充実した器具が備えられている。

東京大会に向け、パラリンピック選手のトレーニング環境もだいぶ整えられた。

40代で急成長、日本記録保持者樋口健太郎選手

●パワーリフティング

パワーリフティングで活躍が期待される樋口健太郎選手は江戸川区在住の男子72kg級の日本記録保持者だ。

パワーリフティングは、下肢（下半身）に障害のある選手が対象の競技で、オリンピックの重量挙げとは違い、台にあお向けに寝て上半身の力でバーベルを持ち上げる重量を競う。バーベルの挙げ方は、ウエートトレーニングや競技などで行う「ベンチプレス」と同じだが、下肢も台の上に乗せて固定して行う。

また、ほかのパラリンピック競技のような障害の種類や程度によるクラス分けはなく、試合は体重別で行われる。

男子は、49kg級から107kg超級、女子は41kg級から86kg超級まで、それぞれ10階級の種目（ただし、切断の選手はその分体重が軽くなるため一定の重量が加算される）。

樋口選手は、2017年12月の全日本選手権に初出場して男子72kg級優勝、次の2019年2月の大会でも圧勝してV2を達成。世界選手権では日本記録を塗り替えて172kgを挙げた。

樋口選手は40代だが、パワーリフティングの経験が浅い急成長株だけに、さらなる飛躍への期待も大きい。初優勝した前述の全日本選手権は、初めての試合で、いきなり出場して優勝をさらい、その後の大会でも、出場するたびに日本記録を更新している。

樋口選手は、初出場・初優勝した大会の3カ月前の2017年9月、オートバイの運転中、後方から車に追突される事故で、右大腿《だいたい》部から下を切断した。その治療入院中、本でパラ・パワーリフティングのことを知り、足を失ったからといって落ち込んでいないで新たな挑戦をしようと考えたと、「区民ニュース」の「輝石の魂」のなかで語っている。

樋口選手には過去にスポーツトレーナーとしてベンチプレスやスクワットなどの指導をしたり、自らもバーベルに親しんだりした時期があり、基礎体力には自信があった。そして新たな目標を見つけ、病院とも相談して、リハビリの一環としてパワーリフティングに取り組み始めた。しかも入院中に許可をもらって、標準記録突破トライアルに参加して見事にクリアし、大会では136kgを挙げて優勝。退院を待たず病院から全日本の試合会場に駆けつけて勝利をつかんだのだ。

パワーリフティングとウエイトリフティングの会場、東京国際フォーラム

樋口選手の新たなスタートだった。

事故で中学校の非常勤講師の職を失ったが、2018年4月から荒川区の小学校で理科の非常勤講師。応援してくれる子どもたちから力をもらい、教職とトレーニングを両立させている。ベンチ台では好記録を出しても決して笑わず、拳を握ったりガッツポーズをとったりもしない。無表情でバーベルを置き、台を降りる。

「それは僕がまだ素人で弱いから。世界一になったら、思い切りガッツポーズをしてやりますよ」（日刊スポーツ2019年2月3日付）と答えている。

初優勝から1年半程度で36kgも記録を伸ばしている。その力をさらに引き上げ、東京大会でのガッツポーズを期待したい。

観戦ノート

オリンピック選手に負けないパワー

パワーリフティングがパラリンピックの正式種目になったのは1964年東京大会から。当時の競技名はオリンピックと同じウエイトリフティング（重量挙げ）だった。

オリンピック種目のウエートリフティングは、バーベルの挙げ方が、スナッチ（床から一気に頭上に持ち上げる）、ジャーク（胸でいったん止めてから上げる）の2種類。パワーリフティングではベンチプレスの1種類。選手は台の上にあお向けに寝てバーベルを支えているラックからバーベルを外し、審判の合図で胸の上に下ろしたバーベルを肘が伸びるまで押し上げる。この試技を3回行い、重いバーベルを持ち上げた順に順位がつく。

記録を見ると、たとえば最重量級選手の世界記録は310kg。ほぼ同等の条件の健常者の記録を超えているという。それだけレベルが高い。

パワーリフティングはイギリスにおいて第2次世界大戦で下肢切断や脊椎損傷を負った兵士のリハビリテーションの一環としてベンチプレス運動を行ったのが始まりという。

日本初のショルダー・アーチャー、大橋俊選手

●パラ・アーチェリー

アーチェリーは、最も歴史の古いパラリンピック競技だ。というより、パラリンピックの原点、元になった競技といえる。

1948年7月29日、第2次大戦後初のオリンピック・ロンドン大会の開会式の当日。ロンドン郊外のストーク・マンデビル病院で車いすのアーチェリー競技会が開かれた。これがパラリンピックの原点とされる（パラリンピックの聖火も、ここで採火され、日本各地で採火された聖火と東京で一つになる）。

競技会を開いたのが、のちに「パラリンピックの父」と呼ばれる同病院のルートヴィッヒ・グットマン院長。ナチス時代に英国に亡命していたドイツ生まれのユダヤ人医師で、傷痍軍人や戦傷者の治療、車いす生活になった患者の社会復帰に向けた訓練にスポーツを積極的に取り入れ、その一環で開いたのがアーチェリー競技会だった。わずか十数名による競技会だったが、やがて国際大会になり、1960年のローマの第1回パラリンピック大会に発展していった。

この伝統あるパラリンピックのアーチェリー競技で注目されている日本人アーチャー（アーチェリー競技者）に、区在住の大橋俊《すぐる》選手（1976年9月生まれ、江東区出身）

がいる。

大橋選手は2018年10月開催の福井しあわせ元気国体（第18回全国障害者スポーツ大会）で優勝、平成30年度の江戸川区「体育優秀選手」表彰を受けた。上肢の障害によるSTクラス（立位、もしくはいすに座って競技をする）の選手で、国内でも数の少ない腕と口（歯）で弓を引くパラ・アーチャーとして活躍してきた。

さらに東京大会に向けて注目されているのは、独自に開発した「リリーサー」という補助具によって、日本初の腕と肩で弓を引くショルダー・アーチャーとして挑戦し始めているからだ。この挑戦について、所属する株式会社コロプラ（本社・渋谷区＝オンラインゲーム開発）はホームページで次のように紹介している。

「一般的に大橋選手のように上半身に障がいを持つ方にとって、アーチェリーは難易度が高い競技と言われています。大橋選手はこれを乗り越え、口で弓を引くというスタイルの選手として活躍していました。しかし、このスタイルは歯や顎を痛めやすく、選手生命が短くなってしまうと考えていました。そこで、世界で主流になりつつあるショルダー・アーチャーへの転向を検討し、肩で弓を引くために必要な装置の開発を2018年2月より開始しました。何度も改良を重ね、同年11月に実践試験を受検。その結果、2019年5月18日に国内クラス分け認定を受けた日本初のショルダー・アーチャーとなりました」

大橋選手が使っているのは、「コンパウンド・ボウ」と呼ばれる両端に滑車（カム）が付いている弓だ。その弓のハンドルを一方の手に持ち、一方の障害のあるほうの肩に取り付けたリリーサーに弦《げん》を引っかける。そして弓を持つ腕を伸ばし、肩を張って弦を引き絞り、矢を放つ。

大橋選手の受賞を紹介、所属会社のHP

この弦を引っ掛けるフックなどの付いたリリーサーは近年、海外の選手が多く使うようになってきたが、それらは海外で認定を受けている個人に合わせたオーダーメイド品。経済的技術的な面からも日本のアーチャーの挑戦は容易ではなかったが「大橋選手は自身の選手生命を延ばすだけではなく、パラアーチェリー界を盛り上げたいという思いから、個人の体格に合わせて微妙な調整が可能な独自のシステムを持つ装置を開発した」という（前出ホームページ）。

東京都強化指定選手でもある大橋選手は、

健常者の大会にも出場しながら、ショルダー・アーチャーとして腕を磨いている。練習拠点は葛飾区の奥戸総合スポーツセンター体育館。大橋選手は葛飾区アーチェリー協会の所属選手で、2019年4月には「葛飾区トップアスリート」の認定選手にもなり、認証式では15名のアスリートを代表して青木克徳葛飾区長に誓いの言葉を述べた。

このように多くの人に支えられている大橋選手が開発したリリーサーは、個人の体格に合わせて微妙な調整ができるため、大橋選手につづくアーチャーの挑戦をサポートするものにもなると期待されているという。

第Ⅱ部で詳しく説明しているように、江戸川区では「アーチェリー区」をめざす取り組みとパラ・アスリートや障害をもつ人たちが活躍できる社会、「共生社会」の実現に向けた取り組みが合わせて進められている。

それらを一段と前に進めるためにも、大橋選手をはじめとするパラ・アーチャーの活躍を期待し、声援を送りたい。

観戦ノート

多様なプレースタイル

パラ・アーチェリーでは、障害の種類や程度に応じて、W1（車いす使用の四肢麻痺）、W2（同・下半身の対麻痺など）と、大橋選手が属するST（立位、もしくはいすに座って競技をする）の3クラスに分けられるが、前回のリオ大会から、W2とSTの2クラスは統合して競技が行われている。

使用する弓は、オリンピックで使う一般的な「リカーブ」と先端に滑車（カム）のついた「コンパウンド」の2種類。この弓具とクラス分けの組み合わせにより、男女それぞれの個人戦が、「リカーブ・オープン」と「コンパウンド・オープン」それぞれのW2とST統合のクラスと、どちらの弓具でも出場できる「W1オープン」の3種目。チーム戦は以上の3種目の男女ペア戦で、この計6競技でメダルが争われる。

的までの距離はリカーブ・オープンがオリンピックと同じ70m。ほかは50m。障害の種類や程度に応じて前述のリリーサーのような用具を工夫して使うことも認められている。

口（歯）で弓を引いて矢を放つ選手では、生まれつき両腕がなく脚で弓を支えて矢を放つマット・スタッツマン選手（アメリカ）が、日本でもテレビなどでしばしば取り上げられている世界的に有名なアーチャーだ。ロンドン2012で銀メダルを獲得。2015年には310ヤード（約283m）前方の的を射抜き、世界最長のギネス記録を打ち立てている。それまでの記録は健常者が持っていた約219ヤード（200m）だった。

このスタッツマン選手もいまは口ではなく、肩口にリリーサーを装着。足の指を使って矢をセットし、リリーサーのフックに弦を掛け、肩や首の力で矢を引き絞って射つ。足で弓を支えて矢を引くこの「足射《う》ち」は、弦を口（歯）で引くにせよ肩（首）の力で引くにせよ、常に世界に驚きを与えている。

矢を引く手を使えない選手は、狙いがつけやすいことからかつては口（歯）を使っていたが、やはり歯やアゴを痛める危険性もあり、現在は海外では肩にリリーサーをつけて顔の横で射るスタイルが普及している。リリーサーには、フックから弦を外して矢を放つための紐の付いたものなどがある。プレースタイルも補助具も多様なのがパラ・アーチェリーで、見どころも多い。

一投一投に思いや戦略を込める蛭田選手や石川選手

●ボッチャ

最近健常者にも注目されて普及し始めているボッチャは、比較的重い障害のある人のために考案されたパラ競技だ。

最初に目標となる白いボール（ジャックボールと呼ぶ）を投げ、つづいて赤と青の各6個の持ち球を投げたり、転がしたりして、目標の白いジャックボールにいかに多くの味方のボールを近づけるかを競う。

ルールが似ていることから「地上のカーリング」とも呼ばれる。カーリングは冬の平昌

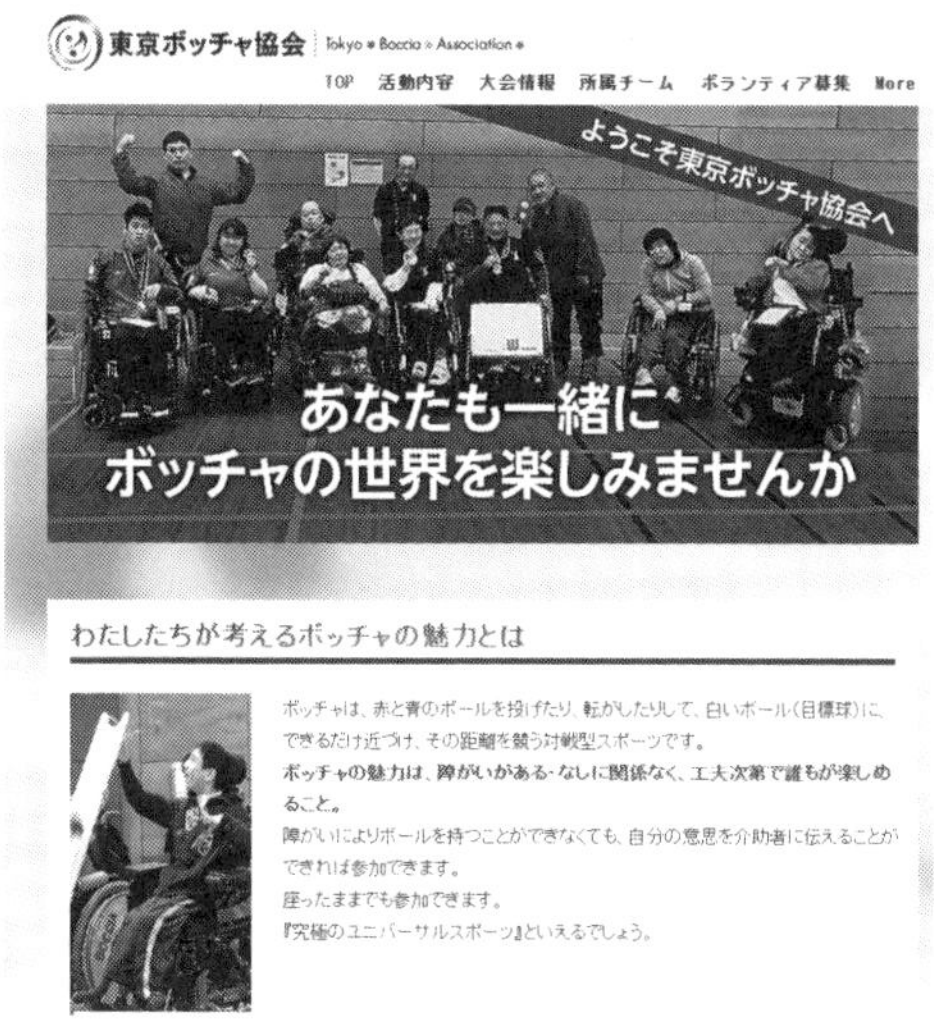
東京ボッチャ協会
TOP　活動内容　大会情報　所属チーム　ボランティア募集　More
ようこそ東京ボッチャ協会へ
あなたも一緒に
ボッチャの世界を楽しみませんか
わたしたちが考えるボッチャの魅力とは
ボッチャは、赤と青のボールを投げたり、転がしたりして、白いボール（目標球）に、できるだけ近づけ、その距離を競う対戦型スポーツです。
ボッチャの魅力は、障がいがある・なしに関係なく、工夫次第で誰もが楽しめること。
障がいによりボールを持つことができなくても、自分の意思を介助者に伝えることができれば参加できます。
座ったままでも参加できます。
『究極のユニバーサルスポーツ』といえるでしょう。

パラリンピックに向けて…蛭田選手らが所属する東京ボッチャ協会

オリンピックで女子チームが活躍して認知度がぐんと上がった。ボッチャも同様の道をたどってほしいものだ。

ルール的には、カーリングとは違い、的（ジャックボール）の位置が毎回変わり、しかも弾いてそれを動かすこともできる。特別な設備も必要ない。

ただ、実際にやってみると、単純なようで奥深いスポーツともいう。ボールの隙間を狙って投げたり、相手ボールを弾いたりしながら自分のボールを近づけるための戦略やテクニック、頭脳プレーが勝負のカギを握り、プレーをする人や見る人、応援する人を一喜一憂、夢中にさせる。そのため年々人気が高まっているようだ。ボッチャ連盟では、「6

球を投げ合い、無数の戦略を駆使する頭脳戦」と競技を表現している。

パラスポーツを推進している江戸川区では、障害者も健常者もいっしょに楽しめる「共生社会」を象徴する競技として普及を進めている。さまざまな大会や交流体験会、レベルアップ教室などのイベントも開き、2020大会後も推奨していく。

区のこのようなイベントには、ボッチャの現役選手も協力して参加、実技を披露するなど大きな役割を演じている。

その選手のなかにリオ2016大会のボッチャ団体で銀メダルを獲得した藤井友里子選手（富山ボッチャクラブ）がいる。藤井選手は「火ノ玉ジャパン」の愛称の4人の混合団体の紅一点として4年に1度の世界選手権（2018年8月）でも銀メダルに輝いている。強豪タイに決勝で惜敗したのだが、東京大会では3度目の正直の金をめざしている。

区ゆかりの選手には、蛭田《ひるた》健一郎選手（1967年4月生まれ、日野ケース工業）がいる。やはり区内の各種イベントでも活躍している。ボッチャ歴11年以上というベテランで、2018年関東選手権大会準優勝。都の「東京アスリート認定選手」にもなっている。選手紹介の「スポーツTOKYOインフォメーション」では、東京大会出場とメダル獲得を目標にがんばるとコメント。

女子選手にも「東京アスリート認定選手」がいる。石川美沙《みさ》選手（1985年6月生まれ、第2オハナ）。２０１７年日本選手権大会などから頭角を現している若手選手だ。やはり「スポーツTOKYOインフォメーション」に次のようなコメントを寄せている。

「私は養護学校高等部1年生の時にボッチャと出会いました。やっていくうちに卒業後も続けたいと思い、担任の先生と話しをし、親を説得して今のチームを立ち上げました。競技を続けるには大変なこともありますが、２０１７年11月には日本ボッチャ選手権大会本選出場、２０１８年2月には関東ボッチャ選手権大会BC1クラス3位になり、家族をはじめ、周りの方々が応援してくれているので、上を目指し頑張っています」

石川選手が所属する第2オハナは、筆者（小久保）が理事長の社会福祉法人つばき土の会が運営している事業所（身体障害者、知的障害者などの就労継続支援施設〈B型〉＝江戸川区上篠崎）だ。

重度の障害を持ちながらパラリンピックの大舞台をめざして励んでいる石川選手。もちろん東京大会の後も、区のパラスポーツ界を、引っ張っていってくれるに違いない。大きな声援を送りたい。

〈会場・有明体操競技場＝江東区有明＝オリンピックでは体操、新体操、トランポリンの会場〉

データ&メモ

イタリア発祥のボッチャ

「ボッチャ」はイタリア語で「ボール」を意味するという。古くは6世紀のイタリアで競技としての原型が考案され、20世紀に入って四肢麻痺など重度機能障害のある人も参加できる形に整備され、ボールを投げ合うという誰でもできる親しみやすさから世界中に普及したという。

パラリンピックでは、ニューヨーク1984大会から実施され、ソウル1988年大会から正式種目になった。

その後、日本でも普及。1997年に日本ボッチャ協会設立、北京2008大会に日本代表チームが初出場。リオ2016大会で銀メダルを獲得。東京大会では金メダルが期待されている。

観戦ノート

ボッチャ・ルール

パラリンピックでは、男女の区別はなく、障害の内容や程度などにより4クラス(BC1~4)に分けられる。競技は個人戦(4クラス)、ペア戦(3クラス)、団体戦(BC1・BC2クラス)が行われる。

さまざまな障害の選手に対応するために、クラスによってルールも多少アレンジされていて、ボールを手で投げることが難しい選手は足で蹴ったり、競技アシスタントのサポートを受けたり、ランプと呼ばれる滑り台のような勾配具を使って転がしたりすることなどが認められている。その際、手でボールを押し出せない選手は頭部や口に補助具を装着して投球する。

クラスによってはアシスタントが競技をサポートできる。役割はクラスごとの規定があり、選手の指示を受けてランプの高さや位置、コースを調整したり、選手がプッシュする位置にボールを置いたりする。あくまでも競技者の指示でそれらを行う。アシスタントはゲーム中はコート内を見ることを禁止されている。

コートは、バドミントンコート大（12・5ｍ×6ｍ）の平面コート。対戦する2人（または2チーム）は、赤か青の6個のボールを「投げる」「転がす」「蹴る」などの方法で白いジャックボールに近づけ、6個ずつの試技を終えた時点で、ジャックボールに最も近い色の選手（チーム）の勝ち。さらにジャックボールを円の中心とし、それに最も近い敗れた側のボールとを結んだ半径内にある勝利側の球の数（1個1点）が得点として加算される。6個ずつの試技を「1エンド」とし、個人・ペアは4エンド、団体は6エンドで1試合。エンドごとの得点の総計の多い方が勝ちとなる。

ボールは選手が所有する「マイボール」。皮革製か合皮製で、規定の範囲内

（周囲270㎜±8㎜、重量275g±12g）の好みの硬さのものなどを組み合わせ使い分けるが、大会前には必ず競技備品検査が行われる。

第Ⅱ部

これが江戸川区の「オリ・パラ・レガシー」だ！

1 カヌーでまちを、区を変える

大会を機に、さらに魅力のあるまちに！

東京2020オリンピック・パラリンピックに向けて「オリンピック・レガシー（プラス遺産）」の創出などが盛んに論議されてきた。前回の東京1964大会のときとは大きく異なる点のひとつだ。当時は、このような課題は一般にはテーマにも上らなかった。高度成長の坂の上り始めの時期だったから、国立競技場などの施設や高速道路、新幹線などのインフラ整備も当たり前の投資とされた。実際に後から振り返っても、世紀の祭典の準備、運営、観戦の体験などを含めて、これらがその後の日本の成長を支える大きな力、後世に残るプラスの遺産になったことは否定できない。

時代は大きく変わった。オリンピックもいまや、その開催によってどのような長期的な恩恵、オリンピック・レガシーがもたらされるのか、そのための計画があるのかなどが課題になっている。世紀のイベントとはいえ、やみくもに施設やインフラ、大会運営に大きな資金を投じていては、将来にわたって人びとを苦しめるマイナス遺産、禍根を残すだけだからだ。

このような実例も多く見てきたＩＯＣ（国際オリンピック委員会）は、オリンピック憲章の２００３年版のＩＯＣの役割に「オリンピック競技大会の規模や経費を適切に抑えることを含め、オリンピック競技大会の将来性のある遺産（ポジティブ・レガシー）を残すことを、開催都市や開催国に対して奨励する手段を講じる」と加えて、「レガシー」を明記した。

これ以降、オリンピックによって開催都市や国に、よき遺産、恩恵がもたらされるか、あるいはそれを創出することができるかが、招致、開催などに際しても重要なポイントになった。

オリンピック憲章は、その後も何度も改訂されているが、「ポジティブ・レガシー（ｐｏｓｉｔｉｖｅ　ｌｅｇａｃｙ）」は常に引き継がれ、最新の２０１８年版では、「ＩＯＣの使命と役割」に「オリンピック競技大会の有益な遺産（ｐｏｓｉｔｉｖｅ　ｌｅｇａｃｙ）を、開催都市、開催国が引き継ぐよう奨励する」と記されている。

なお、ＩＯＣ憲章の「ポジティブ・レガシー」は、ＪＯＣ（日本オリンピック委員会）の日本語訳は、「将来性ある遺産」「よき遺産」（２００４年版）「有益な遺産」と変わってきているが、これらのすべての意味が込められている言葉といっていいだろう。

開催都市の東京都も、２０１６年に「アクション&レガシープラン２０１６」を策定。「スポーツには世界と未来を変える力がある。1964年大会は日本を変えた。東京2020大会は世界に改革をもたらす大会とする」と謳いながら、さまざまな分野でポジティブなレガシーを残す大会にするとして、各種アクション・プランを策定。「スポーツ・健康」や大会招致の際に強調した「復興五輪」などを柱に包括的にそれを進めていくと強調している。その後も、「競技施設や選手村のレガシーを都民の貴重な財産として未来に」「大会を機に、スポーツが日常生活にとけ込み、誰もがいきいきと豊かに暮らせる東京を実現」「大会を文化の祭典としても成功させ、世界をリードする文化都市東京を実現」などと打ち出している（平成29年12月「2020年に向けた東京都の取組―大会後のレガシーを見据えて―」）。

そして未来に残すレガシー、アクション・プランの実現にはオールジャパンで取り組む必要があるとして、全国の組織・団体、あるいは一人ひとりの参画を呼び掛けている。

江戸川区でも、地元東京開催のオリンピック・パラリンピックの成功をめざすだけでなく、より意義のあるイベントにするためのさまざまな取り組み、プロジェクトを進めている。

それを簡単にいえば、大会を絶好の機会ととらえ、その準備や機運盛り上げなどを通して、江戸川区をより「魅力的なまち」「さまざまな人が健康、快適に暮らせる、みんなが住みたくなるようなまち」にすることを「オリンピック・レガシー」にしていくということになる。

そのために何をするか。区ではまず2016年（平成28年）1月に「東京2020オリンピック・パラリンピック競技大会　江戸川区推進プログラム」を策定した。そのプログラムは、①スポーツ・健康②教育③文化・国際交流・おもてなし④安全・安心⑤まちづくりの5つの柱で構成されている（詳細は別項）。

この5点を軸に、さまざまなプログラムにより大会を盛り上げ、成功させる。そして区民がひとつの目標に向かって進むことによる一体感や江戸川区の強みの地域力などを推進力にして、より魅力のある区にしていく。その中身にはさまざまなものがあるが、①～⑤を包括する代表的なプロジェクトが、江戸川区を「カヌー区」「カヌーの聖地」にしていこうとの取り組みだ。これが区、まちを変える江戸川区版「オリンピック・レガシー」の最大の柱になる。

区（葛西）にできたカヌー・スラロームセンターでオリンピック種目が実施される。世界のトップ選手たちの熱戦を真近に見て、胸躍らせて応援をするだけでなく、それをきっかけに多くの人がカヌー、スポーツに親しむ。①の「スポーツ・健康」の推進だ。

その際、「水辺のまち」である区の特質を活かし、また、全国的にも誇れる新左近川親水公園に一般に開放するカヌー場をつくり、スラロームセンターと合わせた一帯を「ウォーター・スポーツ」「ウォーター・レジャー」の拠点、聖地にしていこうというのが狙いだ。

もう一つの柱が、パラリンピックの機運を高めて大会を成功に導くとともに、パラスポーツを観る、親しむ、行うことが区民の間に広がることに力を注ぐこと。さらにパラスポーツの先進国オランダの「ホストタウン」になり、連携してパラスポーツの普及、振興を図っていく。ひと言でいえばやはり、江戸川区を「パラスポーツの先進区」「聖地」にしていこうという取り組みだ。

それによってさまざまな人がスポーツに親しみ、ともに快適に生活する「共生社会」をつくっていこうということ。とうぜん、まちのバリアフリー化も進める。

データ&メモ

江戸川区推進プログラム

江戸川区が2016年（平成28年）1月に策定した「東京2020オリンピック・パラリンピック競技大会　江戸川区推進プログラム」は、①スポーツ・健康②教育③文化・国際交流・おもてなし④安全・安心⑤まちづくりの5つの柱で構成。

①「スポーツ・健康」では、「カヌー区に！」の取り組みのほかに「江戸川区スポーツ夢基金」によるトップアスリートの支援（第Ⅰ部参照）。老若男女が自分のできる範囲でス

ポーツ、健康増進に取り組むためのさまざまな施策、たとえば「スポーツチャレンジデー」（第Ⅲ部参照）などを通じた健康増進・スポーツの習慣づくりの取り組みや公園への健康器具設置など。

②の「教育」では、オリンピック・パラリンピック教育やカヌー教室などをはじめとする各種のスポーツ体験。さらに障害者スポーツ体験を通した障害者理解の促進など。また、外国人との交流や外国人講師との英会話学習（学校・幼稚園・保育園等）、学校におけるボランティア活動や環境教育、人権教育・啓発なども挙げられている。

③「文化・国際交流・おもてなし」では、オランダを相手国としたホストタウン事業のほか、区内の商店を対象とした外国人おもてなし研修、多言語に対応した情報発信、インターネット動画を活用した飲食店の紹介（第Ⅲ部参照）。区の特産品や銭湯のＰＲ、区職員のおもてなし力やコミュニケーション能力を向上させる研修、区内施設でのオリンピック・パラリンピック関連情報の充実など。

④「安全・安心」では、防犯パトロール、避難誘導案内サイン看板の設置、多言語に対応した災害時行動パンフレットの作成、競技会場周辺における区民参加型防災訓練の実施、医療機関及び薬局を掲載した多言語マップの作成、外国人診療への対応など。

⑤「まちづくり」では、まちのバリアフリー化や多言語に対応したバリアフリーマップの作成、案内表示・道路標識の多言語化やピクトグラム表示の導入、無料Wi‐Fi環境の整備、外国人の利用も見据えた公衆トイレの整備、多言語によるごみ分別表示の推進、歩行者や自転車利用者のマナー向上と安全教育、美化運動キャンペーン、水辺での清掃活動など。

これらがオリ・パラ大会に向けて進められ、さらに大会後も継続していけば、形のないものも含めて、オリ・パラの恩恵、よき遺産、レガシーになるとしている。

江戸川区をカヌー区に、ウォーター・スポーツの拠点に！

東京大会のカヌー・スラローム競技の会場として葛西臨海公園の隣接地に建設されたカヌー・スラロームセンターは、水路に人工的な流れを作り出した国内初の人工スラローム施設で、東京都が大会に向けて整備、２０１９年（令和元年）５月に完成した。

ここでオリンピックのスラローム競技が行われる（パラリンピックにはスラローム競技がない）。組織委員会によるオリンピックの準備と歩調を合わせ、区でも、地元に開設されたこの素晴らしいセンターに世界から多数の選手や観客が集まり、熱戦が展開されることを歓迎するための準備を進め、大会機運の盛り上げをするだけでなく、この機に「江戸川区をカヌーのまちに、カヌー区にしよう！」と謳い、その実現に向けて、さまざまな取り組みを行っている。

これはオリンピックを一過性のお祭りに終わらせないために、また、カヌー・スラロームセンターが「仮設」ではなく「恒久施設」となっただけに、これを大会後、間違っても無用の長物、負の遺産などにしないためにも重要な取り組みといえる。

スラロームセンターは都の施設だが、過去のオリンピック施設の例からもわかるように、〝祭り〟の後、それをしっかり維持しつづけるためには、利用者となる競技者、愛好者、さらに施設運営を助けるボランティアなどを増やし、それらを含めて、よき遺産、レガシーとして施設を有効に活用できるようにしていくことが必要だ。

さらに競技大会や各種イベントなどの利用機会を設け、地元はじめ国内各地、世界からも多くの人がやって来るようにすれば、その施設だけでなく、それを迎えるさまざまなビジネス、雇用も生まれ、周辺の観光や地域がにぎわう――。このような最近盛んに強調されている「スポーツツーリズム」や「スポーツまちづくり」の実践に向けた取り組みにしていくのだ（スポーツツーリズムなどは後述）。

スラロームセンターは、大会後の利用の仕方によって周辺の環境、まちづくりにも大きな差が生まれる。プラスの遺産にできるか否かは、まず、地元の理解や利用者によって大きく左右される。

また、「カヌー区に！」の取り組みには、それをバネに区民にウォーター・スポーツはじめさまざまなスポーツに親しみ、楽しんでもらうこと、それによって健康な人を増やし、健康寿命を延ばし、健康な明るいまちにしていく狙いもある。

これらが実現できれば、たしかにオリ・パラ後もつづく素晴らしいレガシーになる。その実現に向けて、区や区民はさまざまな取り組みを行っている。

区のオリ・パラ担当者が興味深いことを言っていた。

「東京オリンピックといっても、23区でも、江東区や渋谷区のように多数の競技が行われるところもあるけれど、まったく競技が行われない区もある。実はそれが大多数です。ですから江戸川区は1競技だけですが、区内で行われるので羨ましがられるのです。しかも多くの競技ではなく1競技だけというのもプラスでもあるのです。それに集中して、さまざまなPRや普及活動ができるのですから」

だから、区のカヌーやスラローム競技に関する取り組みは、きめ細かな多岐にわたるものになっている。

しかも、カヌーは、江戸川区が「聖地に！」と狙いを定めただけのことはある区や区民にふさわしい競技スポーツであり、レジャー、リクレーションスポーツといえる。

その推進の取り組みを見ていく。

データ&メモ

カヌー・スラロームセンター

東京大会のカヌー・スラローム会場になる葛西のカヌー・スラロームセンターは、２０１９年５月に完成、同年７月に完成披露式典が行われた。

同センターは、国内初の人工のスラローム競技場で、長さ約２００m、幅約10mの競技コース、長さ約１８０mのウォーミングアップコースにフィニッシュプールの競技施設と艇庫、そしてトレーニングルーム等を有する管理棟を備えた施設だ。

競技を行う際は、高さ約４・５mあるスタート地点まで大型ポンプで汲み上げた水を毎秒約12t流し、コース内に設けたブロックで渦などをつくり出して渓流のような流れをつくる。深さは約１・５m。水は水道水で、会場内で濾過設備を通して循環させている。

完成披露式典では、小池百合子知事につづいて斉藤猛江戸川区長が、このコースの海側に広がる葛西海浜公園の湿地が前年、東京都初のラムサール湿地条約の登録地となったことなどを報告し、観光客がますます集まる地区になることを期待しながら、「一丸となって選手を応援し、大会を盛り上げていきたい」と語った。

壇上のテープカットの後、カヌー・スラローム銅メダリストの羽根田卓也選手によるデモンストレーションが行われ、羽根田選手は、ゴール地点に張られたテープをパドルで鮮やかに切断し、コース上のテープカットを行った。

その後、カヌーのさまざまな競技につづいて、大会後に利用される予定でもある「ラフティング」のデモンストレーションも行われた。

会場は、恒久施設で、大会後は大型イベントやカヌー、あるいはこのラフティングの体験会などにも使用される予定だ。

ラフティングは、「いかだ」を意味するラフトと呼ばれる大型のゴムボートに4〜12人が乗船し、それぞれがカナディアンカヌーと同じシングルパドルで漕ぎ下るウォーター・スポーツ。

オリンピック開催前に試乗会などが開かれているが、常に申込者が予定を上回る状態になっているという。

多彩なカヌー、さまざまな競技も

江戸川区は、断るまでもなく、荒川、江戸川、新中川、旧中川等の河川と東京湾に面した、豊かな水と自然に囲まれた遊水都市だ。それだけ水害対策など、水の脅威とも戦わなければならないが、その分、カヌーやボートなどのウォーター・スポーツの環境には恵まれている。遠出をしなくてもウォーター・レジャーを楽しむことができる。

カヌーは第Ⅰ部で説明しているように、ボートとは逆に漕ぎ手が進行方向（前方）を向いて漕ぐ。それも艇に固定されていないパドル（櫂）を漕いで進むのが特徴だ。世界各地で人や物の移動、狩猟などに使われてきた長い歴史がある。スポーツとしては19世紀半ばに始まり、競技としても発展。オリンピック種目は、葛西のスラロームセンターで行われる「スラローム」と海の森水上競技場（江東区）で実施されるスピード競走の「スプリント」の2種目だけだが、それ以外にもさまざまな競技、楽しみ方がある。

カヌー艇も大別して「カナディアンカヌー」と「カヤック」の2種類ではあるが、競技や用途に応じたさまざまなバリエーションがある。

スラロームのメダリストの羽根田選手が乗るカナディアンは、デッキが広く開いたオープンデッキの艇（甲板のない艇）で、漕ぐのは片端だけにブレード（水かき）がついているパドル（シングルブレードパドル）。艇の片側の水を漕ぎ、進行方向を変えるときには、パドルを持ち替えて艇の反対側を漕ぐ。2人が乗るときには、左右片側ずつを分担して方向を調整しながら漕ぐ。

カヤックは、両端にブレードのあるパドル（ダブルブレードパドル）を使うため、1本のパドルを持ち替えないで艇の両側を交互に漕ぐスタイルだ。艇は、漕ぎ手が座るコックピット以外は甲板で覆われているもの（クローズドデッキ）が一般的だ。カナディアンより艇の強度や気密性が高くなっている。

このカヤックには「水上のロディオ」と呼ばれる「カヌー・フリースタイル」競技がある。自然や人工の激流の淵で、カヌーと一体となったアクロバティックな操艇やパドリング技術を競う。水中、水上でカヌーごと前方、後方に回転するような大技も繰り返される。使われるのは、細長いカヌーではなく、長さが短いずんぐりとした軽い艇だ。

カヌー競技はほかにも「ワイルドウォーター」（河川の激流を下り、所要時間を競う）、太鼓に合わせて大勢で漕ぐ「ドラゴンカヌー」（1名のドラマー、10名〜20名の漕ぎ手、1名の舵取りで行う＝ドラゴンボートもよく知られている）、「カヌーポロ」（カヤックの5人対5人の

2チームで争う、ポロにバスケットボールなどの要素を加味したような水上球技）などがある。

これらの競技はオリンピック種目にはなっていないが、いずれも国内だけでなく国際大会も開かれている。

2019年7月にスペインのソルトで開かれた前述のフリースタイル・カヤックの世界選手権で日本の高久瞳選手（杉並区出身）が優勝を飾った。世界選手権優勝は日本のカヌー初の快挙で、オリンピック種目ではないものの、2020大会に向けて大きな弾みになったと高く評価されている。

リオ大会の羽根田選手の銅メダルをはじめ、日本のカヌー選手がさまざまな国際大会で好成績をおさめていることも、カヌーの注目度、人気を高めている。

カヌーにはほかにも「カヌーマラソン」「カヌーセーリング」や立ってパドルを漕いで進む「SUP（サップ＝スタンドアップ・パドルボード）シーカヤック」などの競技もある。

また、以上のような競技としてだけでなく、レジャー、レクリエーションとしても広く普及し、愛好されている（「レクリエーショナルカヌー」と呼ばれる）。釣りやキャンプ、渓流下り、ツーリングなどだ。漕ぎ手の前方に進むカヌーだけに、自然の河川でのツーリングなどにも適している。

カヌー艇も、これらの競技、用途、スキルなどに応じて、さまざまなものが作られている。

パラスポーツや遊水都市のウォーター・レジャーにも

河川や湖沼にカヌーを浮かべて漕ぎ出せば、普段は目にできない水上からのまちの風景、自然の移ろいなどを楽しむことができる。日本カヌー連盟では、

「カヌーを通じ自然の素晴しさを再発見することは、あらゆるカヌーイストに共通したものです。近年エコツーリズムが注目されていますが、自然と一体化し、自然と共生するスポーツであり、レジャーとしても楽しむことが出来るカヌーが果たすべき役割は、大変大きいものがあると考えます」

と説明している。環境への負荷の小さいカヌーによるツーリングは、「旅行や観光を通じて自然保護や環境保全への理解を深めよう」とのエコツーリズムの実践ともいえそうだ。

カヌー連盟ではさらに、「カヌーは心身に障害を持つ方々にとっても楽しむことの出来るスポーツであり、日本でも障害者を対象とした『パラカヌー』が盛んになってきています」とも強調している。

パラリンピックにスラローム競技はないが、スピード競走のスプリントは、オリンピックと同じ江東区の海の森水上競技場で行われる。そのスプリントで、日本人カヌー選手の東京大会出場の〝第1号切符〟を獲得したのが、地元江東区の瀬立《せりゅう》モニカ選手だ。瀬立選手は、パラリンピック番組のなかで、

「水上は、階段も段差もないバリアフリー、それがカヌーの一番の魅力」

と話していた。腹筋、下半身の筋肉が使えない瀬立選手だが、腕や上半身を鍛え抜き、その力でバランスをしっかり取りながらカヌーを自在に操って進む世界トップクラスのカヌーイストになった。その選手らしい言葉だ。

カヌーはこのように、さまざまな人に親しまれ、愛好されている。そのオリンピック競技が遊水都市、江戸川区で行われる。競技場もでき、大会後も「恒久施設」として残されることになった。この機会と日本初の人工スラローム施設を最大限活用し、区民のスポーツとして健康増進も図っていく。合わせて「スポーツによって人を動かす、集める」という「スポーツツーリズム」による地域振興、まちづくりも進めていこうというのが「カヌー区に！」の取り組みといえる。

初心者も親しみ、楽しめるカヌー場が新左近川親水公園に

区の取り組みのなかでも、特に大きなものに、カヌーをより親しみ楽しんでもらうための新たな拠点「新左近川親水公園カヌー場」の整備がある。

都がオリンピック用に建設した葛西のスラロームセンターの約1キロ北に位置する大きなカヌー場で、2019年6月に完成、オープンした。

ここは江戸川区が誇る新左近川親水公園の豊かな水を利用した穏やかな水面（フラットウオーター）の複数の種目に対応するカヌー場で、川面に旗門が吊り下げられたスラローム場（200m）に、2レーンのスプリント場（200m）、それに3面あるカヌーポロ場、さらに広い多目的カヌー場がある。

多目的カヌー場は、公園の池などによく見られるレンタルのカヌーを借りて気楽に楽しむことができる場だ。初心者用のカヌー体験会や講習会なども開かれる。

大きな段差を付けて急流をつくり出している都のスラロームセンターとは違い、水の流れのない静水だが、競技設備も整え、スラローム、スプリント、ポロの3種目を1カ所で行うことができる国内随一の施設といえる。

さらに多目的カヌー場もあるので、競技者だけでなく、レクリエーションのカヌーも初心者の練習もできる世界にも例がない施設という。

カヌーの魅力を知るためには実際に乗って体験することが大事であるから、区では初心者用のカヌーをはじめ、さまざまなカヌー艇を用意して講習会も開いている。パラスポーツとしても広めようと、障害者が乗りやすい安全優先の艇も用意している。

そして江戸川区カヌー協会の協力のもとに、さまざまなイベントを開催しながら、この施設とカヌーのＰＲ、普及に努めている。

東京大会後も、この取り組みをつづけ、葛西のスラロームセンターとこの新左近川親水公園のエリアを中心に、カヌー、ウォーター・スポーツの愛好者が集まるまち、カヌーの「聖地」にしていく。これが江戸川区のオリ・パラ「レガシー」創出の取り組みだ。

データ&メモ

新左近川親水公園カヌー場

２０１９年（平成31年）４月６日、新左近川親水公園カヌー場が完成、グランドオープンを前にお披露目式が行われた。

全長約1㎞、最大の川幅が約80ｍもある大きな新左近川親水公園カヌー場。管理棟（更衣室、シャワー、トイレ内がバリアフリー）と、利用者の〝マイカヌー〟も預かる艇庫が備えられている。カヌーの貸し出しも行い、初心者から中級者までカヌーを楽しめる。競技者団体の合宿、練習場としても使える。

お披露目式は、葛西のジュニア・チアリーディングチームＦＬＡＰＰＥＲＳ（地元イベントでいつも大活躍）によるチアリーディングが披露された後、多田正見区長（当時）、西野博葛西地区自治会連合会会長（同）、日本カヌー連盟の山口徹正副会長（同）が挨拶し、テープカット。つづいてスラローム競技場で北京オリンピック第4位の竹下百合子選手と日本代表吉田拓選手によるデモンストレーション。力強く華麗なパドリングとスピーディで豪快にターンする技などが次つぎに披露された。

その後、カヌーポロ場にて、国内屈指の強豪チーム「佐倉インヴァース」と「愛知県選抜」による親善試合が行われた。

カヌーポロは、カヤック選手5人対5人による水上球技で、水球と同じボールを使ってゴールを競う。ボールは手でパスをし、パドルで受け止める。ゴールは手で投げなければならない。バスケットボールやハンドボールの要素もある競技だ。水に浮くボールを取り合う

スラローム競技場での一流選手のデモンストレーションに多くの区民が固唾を…（上）ポロ場では模範試合（下）いずれも広々とした新左近川親水公園カヌー場のお披露目式で

際のカヌー同士の激しいぶつかり合いなどは、アイスホッケーや車いすバスケットボールも連想させるスピードと迫力ある競技で、「水上の格闘技」とも呼ばれている。そのとおりの激しいぶつかり合いが目の前で展開された。

その後、多目的カヌー場で区カヌー協会指導によるカヌー体験会が開かれた。小学4年生以上が対象で、100名を超える多くの人が並び、注意事項に耳を傾け、ライフジャケットを着けて順にカヌーに乗り込み漕ぎ出していった。

カヌーは初心者用のカヌー、カヤック、ポロ専用、2人用、レース用、レジャー用など。カヤックでもシットイン・タイプとシットオントップ・タイプが揃っている。シットインはカヤック特有の下半身を艇のコックピットに入れて座るもの。シットオントップは甲板の上に座るタイプで、広く重く安定性を重視した転覆しにくいカヤックだ。

多目的カヌー場は、使用料が一般1時間100円、カヌーレンタル料も同100円などと低料金で気軽に楽しめるようになっている。

また、カヌーポロ場では2019年9月、2日間にわたり、水上の格闘技の日本一を決める日本カヌーポロ選手権大会が開かれた。江戸川区初の大会だった。

〈カヌー場＝江戸川区臨海町2丁目地先（新左近橋東側）〉

つづけられる区民のカヌー体験教室や講習会

江戸川区を「カヌー区」「カヌーの聖地」にするためには、競技大会に国内外から多数の選手、ファン、愛好者が集まるような機会をつくっていくことに加え、実際にカヌーを漕いで楽しむ区民が増え、そのなかからレジャーだけでなく競技者をめざす人も出てくる、というように広い層に愛好されること。近い将来、オリンピック・パラリンピックなどの国際大会や日本の競技会で活躍する選手が出てくればなおいいし、期待もしたい。そうなれば、競技の指導者も、また各種イベントやツアーなどのリクレーション・カヌーの参加者も増えるだろう。

その入口のひとつが、カヌー場のオープニングでも行われた初心者の体験会、講習会だ。江戸川区では、東京大会を迎える準備として、２０１５年（平成27年）から、区カヌー協会の指導者によるパドル（櫂）の使い方などの基礎を教える「区民カヌー体験教室」を開いている。

当初は、前出カヌー場が整備される前の新左近川親水公園だけで行われていたが、「葛西以外の人が参加しにくいので、ほかでもやってほしい」との要望を受け、２０１８年（平成30年）度から、旧中川（平井6丁目の船着場）、新川（新川さくら館前船着場）、江戸川（初年度は台風で中止）でも実施。

やはり水辺のまちだけに環境には恵まれているが、それでも主たる会場は新左近川親水公園で、２０１８年は全19回中16回を実施している。そのうちの3回を「拡大版」にして、より多くのスタッフを配置して障害者も参加できる講習会にした。区カヌー協会は、日本障害者カヌー協会から講師を派遣してもらって障害者に対する指導法などを学んで講習会に臨んだ。

これらの体験教室の参加者は、5年間で延べ３０００人を超え、今後も引きつづき行われるという。

データ＆メモ

江戸川区カヌー協会

東京２０２０大会のカヌー・スラローム競技の江戸川区での開催が決定したことを契機に、区民のカヌーへの理解を深め、その普及を図るために、２０１６年（平成28年）3月、江戸川区カヌー協会が設立された。

カヌー団体はその前から区内にあった。江戸川カヌークラブ、水辺環境創造グループ、ZEROカヌークラブで、それぞれ個別に地域、学校でカヌー体験教室や地域行事への参加、清掃などのボランティア活動を行っていた。

それが2020大会を機に、区全体でカヌー競技を盛り上げ、普及活動と選手・指導者の育成などを体系的に行うことができる組織が必要だとして、区や都のカヌー協会の協力のもとに、3団体によって協会が設立された。

会長になった鹿野由喜夫氏は、松戸市カヌー協会の創始者のひとりで、千葉県カヌー協会の副会長だったが、江戸川区ゆかり（北小岩出身）の人で、国体に出場するなど選手としても活躍、さらに熱心な指導者としても知られる日本カヌー連盟の理事でもある。「これ以上の適任者はいない」と区や団体が揃って推して会長に迎えた。

構成3団体は、協会発足後も、それぞれ特色ある活動をつづけている。

・江戸川カヌークラブ――自然に親しむツアーやキャンプなども行う。旧中川で入会希望者向けの無料体験講習も。

・水辺環境創造グループ――区内の水路や護岸等の美化や啓蒙活動。筆者（小久保）が理事長の公益財団法人えどがわボランティアセンターの会員でもある。清掃した後の川で体験乗船なども。新川さくら館付近を中心に区内水域で活動。

・ZEROカヌークラブ――愛好者の親睦と技術向上をめざし、都内の河川や関東、東海の海や川、湖などで活動。すくすくスクールカヌー教室も開催（8月、9月）。

協会には、原則としてこの構成団体の会員になって加盟する形をとっている。

また、新たに江戸川ＤＵＣＫカヌークラブも構成団体に加わった。区主催のカヌー塾（後述）を卒業した親子が中心に立ち上げたクラブで、スラローム、カヌーポロ中心に練習を行っているという。

小学校でカヌー教室、さらにカヌー塾で技術を磨く

カヌー教室は、区内の小学校でも開かれている。夏のプールが開かれている時期に体育の授業に取り入れ、カヌーの初歩を学ぶのだ。

教室は、区内の小学校単位で、５年生または６年生を対象に２０１５年（平成27年）度から始められた。区カヌー協会の協力によって年間20校ずつを基本に7月〜9月に行われ、オリ・パラ大会前年の２０１９年には区内71校のすべての小学校での実施を終え、２巡目に入っている。この間、６０００人を超える生徒たちがカヌーを体験したという。

学校プールで行う教室だから、みなが容易にカヌー体験できる。これが入口となり、２０２０大会を迎える態勢が整えられ、なおかつ将来の「カヌー区」の担い手になる子どもたちが育つ第１歩になるはずだ。

このような体験会や教室などで実際に体験して、「やってみると楽しいね」「もっとやってみたい」「もう少し技術を学びたい」などと感じた子どもたちの受け皿も設けられている。そのひとつが、「えどがわカヌー塾」だ。

２０１６年（平成28年）度から実施されている。カヌーの技術をさらに学びたい人を対象とした教室で、全4回のコース。前期（5月～6月）2回、後期（10月～11月）2回の年４回開かれている。このうちの1回は親子カヌー教室として実施。新左近川親水公園とプールのある区スポーツセンターで開いてきた。さらに前述のように新左近川親水公園にカヌー場がオープンし、この塾、教室も、より本格的に実施できる態勢が整った。

さらに上をめざしてカヌー技術を磨いていこうという人は、江戸川区カヌー協会（その構成団体）の会員になって継続して取り組む道や、子どもたちなら高校や大学のカヌー部などに入って国内大会だけでなくさらに世界の舞台をめざす選手になる道もあるだろう。

カヌー塾を終えた親子が中心になったグループ、江戸川ＤＵＣＫカヌークラブ（前出別項参照）も発足して親睦と練習をつづけている。

区カヌー協会は、カヌー塾修了者を対象に、もっとうまくなりたい人、難コースにもチャレンジしたい、選手をめざしたい人などに向けて、さらなるスキルアップを図る「かるがも教室」と名付けた講習会も開いている。同協会の技術向上委員会が主催している会で、奥多摩（青梅市御岳）などにも出かけて多摩川の渓流での講習も実施している。カヌーの練習拠点のある青梅市は、第Ⅰ部でも紹介しているようにカヌー選手を多く輩出している「カヌーの聖地」ともいわれている。

区カヌー協会の鹿野会長（前出別項）も、「『西の青梅市、東の江戸川区』と呼ばれるよう、江戸川区をカヌーのメッカにしていきます」と抱負を語っている。

区からはまだ日本のトップ級の選手は出ていないが、小中学生には全国レベルの選手も誕生しつつあるようだ。

裾野を広げ、「カヌー大運動会」でも盛り上げ

子どもたちが直接カヌー体験をして得た興味や関心を持続していくために、また、カヌーには多様な魅力があることも知ってもらうために、区では2017年（平成29年）度から年に1回、区スポーツランド（東篠崎1丁目）の区内最大のプールで「カヌー大運動会」を開いている。

体験教室や学校カヌー教室などでカヌーの乗降の仕方やパドルの使い方などの基礎を学んだ

子どもたちが、カヌーに乗艇して行う運動会で、小学校4年生以上と中学生が参加対象。競技は、直線走行のスピードを競う「40ｍレース」をはじめ、運動会の定番を水上で行う「玉入れ」や連結したカヌーに綱をつなげて引き合う「綱引き」など、カヌーに乗って競い、楽しめる競技だ。

学校の体験教室などで操法を学び、カヌーが好きになった、もっと乗りたいという子どもたちに参加を呼び掛け、定員50名で行っている。子どもたちは歓声を上げてカヌーを操り、水しぶきを上げ、プールサイドや観覧席に多数集まった家族などのギャラリーからは大きな声援が飛ぶ恒例の行事になっている。

区カヌー協会の鹿野会長は「スポーツは何より楽しむことが大事。これまで習得した技術を大いに発揮して、さまざまな面で楽しみを見つけながらカヌーの魅力を感じてもらいたい」と運動会の狙いを語っている。

主催する区も、カヌーのさまざまな楽しみ方を知ってもらい、それを広めることで愛好者、競技人口の底辺を広げたいとしている。底辺が広がってこそ、めざしている「カヌー区」に近づき、全国レベルの選手も輩出する土壌が形成されるということだ。

団体、施設向けの体験会の〝出前〟も

江戸川区は、ボランティア立区をめざしており、ボランティア活動が盛んだ。この点、区民は誇りに感じていいと思う。

筆者が会長を務める江戸川区福祉ボランティア団体協議会には、「出前!ボランティア体験」という取り組みがある。学校や町会などからの希望があれば、ボランティア活動をしているグループのメンバーだけでなく、障害を持っている人も一緒に出掛けていって、日常生活などでどういうところが大変かといった話をしてもらう。それだけでなく、みなさんに実際に車いすに乗って操作をしてもらったり、手話などによる意思伝達を体験してもらったりして、まちや施設のバリアフリー化やボランティア活動の必要性を身をもって学んでもらう、という取り組みだ(拙著『東京創生――江戸川区の逆襲』参照)。

カヌーも、「出前!ボランティア」と同じように、希望する団体、施設があれば、初心者向けのカヌー体験会を、協会のスタッフ、指導者が出向いて行うようなこともしている。正式名称は「団体カヌー体験会」。20人以上の団体を対象とした初心者向けの体験教室だ。プールなどの水がなくても、「カヌー教室」。「カヌーパドリングマシーン」という、陸上でもパドル(櫂)の操作を体験

できる機器を使って体験、練習を行う。

さらにヴァーチャル・リアリティの映像も使い、実際に揺れるカヌーに乗って水流、急流を漕いでいるかのような、カヌー選手の視線や動きを体感できるシステムもある（後述）。それらによって少しでもパドル（櫂）に触れ、パドリングを体験すれば、自分で始める第1歩になるだけでなく、競技を見る目も変わってくる。

この教室は、白鷺特別支援学校やスポーツ推進委員会などで実施されてきた。

海でカヌー！　ラムサール条約の葛西海浜公園でも

川やプールでカヌー体験を行うなかで、さらに「海でもやってみたい」「広い海に出て漕いでみたい」などの要望に応え、区では都と相談して、2018年9月、東京大会の会場になるスラロームセンターの目の前に広がる「葛西海浜公園西なぎさ」でも体験教室を実施した。

公園を管理している公益財団法人東京都公園協会との共催（区カヌー協会協賛）の初の海の教室。普段見ることのできない海上からの風景も楽しめることから人気になり長い列ができた。結局、当初予定していた人員を超える119名の参加者で実施された（それでも列後方の人は参加できず翌年から定員を120名に増加。参加資格は3歳以上。小学4年生以下は保護者同伴での2人乗りカヌー体験。参加費は保険料として50円)。

参加者からは、「海で体験できたことはよかった」「気持ちがよかった」などという感想が多く聞かれるなど、評判は上々で、この結果を受け、海の体験教室の継続開催が決まった。

この最初の教室の直後の2018年10月、葛西海浜公園一帯が「ラムサール条約湿地」に登録された。東京初の登録で大きなニュースにもなった。

環境保全を目的とする同条約だが、立ち入りや利用を禁止するのではなく、「保全」と「ワイズユース(賢明な利用)」を合わせて推進している。

そのため区では、これまで以上に自然環境の保全の取り組みとともに持続的な利用も進めていくために、カヌー体験は「環境への負荷が小さく、海の環境を間近に体感でき、自然環境を守る大切さを認識できる機会にもなる」ことから、「持続的なワイズユース」のひとつとしてつづけることを決定。さらに年2回(6月、9月)に増やして実施している。

PRやパドリング、VRによる迫力ある試乗体験

区では都と連携して、東京2020大会に向けて、「PRキャラバン」などさまざまなイベントを行っている。なかでも地元開催のスラローム競技の紹介、PRには力を入れている。区

民が集まるさまざまなイベント、たとえば「区民まつり」（篠崎公園）などにもブースを出して、オリ・パラの案内やボランティアへの参加の呼びかけとともに、カヌー競技のPRを行ってきている。

その際、カヌーへの関心を高めるために力を発揮しているのが、陸上でパドリングを体験できる前出の「パドリング・マシーン」やVR（ヴァーチャル・リアリティ）システムの「シンクロ・ライド・シミュレーター」だ。この体験型の装置は多くの人の関心を集め、常にといっていいほど、順番待ちの列ができる。

パドリング・マシーンは、元々はカヌーの選手が陸上でトレーニングをするための器具で、水の抵抗も再現するようにできているので、カヌーを水上で漕いだときの感覚も体感できる。区のスポーツ振興課が2台購入。それを並べて2人でタイムを競うこともできるようにしたアトラクションは、懸命にパドルを漕ぐ人、声援を送る人など、多くの人が集まる楽しいスポットになっている。

VRシステムの「シンクロ・ライド・シミュレーター」は、国立東京工業高等専門学校と江戸川区、そして区の町工場が連携して開発したものだ。

始まりは、東京高専が開発したVRシステムの「シンクロ・アスリート」だった。これはスポーツ選手の動きや視線を疑似体験できるもので、観客が選手の目で試合を見るという「新しいスポーツ観戦」を提案するものだった。

オリンピックでスラローム競技が実施されることになった区が、VRに目をつけ、その「カヌー版」を作れないかと提案。さらに見るだけでなく、カヌーをVRと連動させて競技の疑似体験をするシステムができないかが検討され、その可動部の開発を、地元の町工場、株式会社西川精機製作所に委嘱。こうして生まれたのがVRと連動する「シンクロ・ライド・シミュレーター」だ。

西川精機製作所は、産学官連携や町工場同士のコラボレーションなどを進めている金属加工会社で、次に見る「下町アーチェリー」の開発プロジェクトのリーダーでもある。また、前述の新左近川親水公園カヌー場のスラローム競技の関門（ゲート）やポロ場のゴールなどの製作を担当した会社でもある。

VRを担当した東京高専は、東京都カヌー協会の協力を得て、青梅市の御岳渓谷（多摩川）の練習場で、カヌーに360度カメラと加速度センサーを搭載して撮影。カヌー選手が目にする激流や水しぶきなどが目の前に迫るVR映像を製作した。

西川精機製作所は、VR映像に合わせてカヌーを動かすシステムを開発。ゴーグルを付けるか目の前の大きなディスプレー上の景色を見ながら、カヌーのイスに座ると、激流や水しぶきが迫り、景色が急転するなど、臨場感あふれるリアルなVR映像と連動したカヌーの動きにより、急流を漕ぐ選手の体の揺れや目に飛び込んでくる光景を体感できる、水のない陸上でのカヌー試乗体験システムだ。

これが区や都などの各種イベント会場などの「試乗体験コーナー」に設置され、家族連れ中心に多くの人が順番待ちの列をつくる。陸上でのカヌーのPR、ファン層開拓に大きな力となっている。

オリンピアンの講演やさまざまな情報発信

区民への情報発信もさまざまに行われているが、その最初の大きな取り組みが2016年（平成28年）5月～9月、しのざき文化プラザで開かれた企画展「カヌーがまちにやってくる！」だった。会場には、実際に使われているカヌー9艇を展示。そのなかにオリンピックで使用された艇もあった。また、多くの人がレジャー用を含め種類の異なる4艇のカヌーの乗艇を体験。カヌーに乗るときのヘルメットやライフジャケットの装着体験なども行った。

期間中、オリンピアンの藤野強氏（バルセロナ・アトランタ大会出場）による「カヌー・スラローム競技の魅力」の講演や前出の竹下百合子選手（北京五輪4位入賞）やスポーツライター青島健太氏らによる「スポーツ文化が生み出す町のにぎわい」がテーマのトークセッションも行われた。「町のにぎわい」は江戸川区がカヌーによってめざすところでもある。この企画展は好評で開催期間を予定より2週間延長した。

その後も区やカヌー協会によりさまざまな形の普及活動が行われている。

たとえば、区内のカヌーイベントやカヌースポット、水面利用のルール、装備などを説明するリーフレット、ルールや注目ポイントなどをまとめた「カヌー観戦ガイド」の製作、配布。日本代表選手を紹介するプロモーションビデオの製作。そして「カヌーボランティア講習会」（日本カヌー連盟主催）なども実施してきた。

区役所などでも繰り返し東京大会に向けた展示やカヌー展を開き、大会やカヌーへの関心を高め、「カヌーのまち江戸川区」のPRを行っている。

「カヌー区」めざしてシンポジウム

「カヌー区」はどのよう実現されるのか。また、それによって私たちはどのような未来を、夢を描くことができるのか——。

それを少し思い描かせてくれる会が開かれた。東京大会の1年前に合わせて2019年8月4日、タワーホール船堀で開かれた「カヌー・シンポジウム2019in江戸川区」だ。カヌー・スラロームの盛んな全国の自治体や協会が連携を強化し、競技の振興とカヌーによる地域の活性化を図るために、区が初めて開催した全国規模のシンポジウムだった。カヌーやスポーツ振興に精通する専門家を迎え、講演会やパネルディスカッションを行ったのだ。

そこで共通して語られたのは、簡単にいえば「カヌーでまちを元気にする」こと、カヌーをはじめ「スポーツで人を動かし、豊かなまちにする」といった「スポーツの力」だった。「カヌー区に！」との取り組みをしている江戸川区にとって、心強い言葉、メッセージだった。区民も「カヌー区に！」の施策に向き合っていくために頭に入れておきたい論点で、それは本書のテーマでもある。

そこでこのシンポジウムの内容を少し詳しく紹介しながら、「カヌー区」に向けた取り組みの意義や課題などのまとめをしていきたい。

シンポジウムでは、第1部が、前出の藤野強氏（公益社団法人日本カヌー連盟常務理事・東京都カヌー協会理事長）による「オリンピアンが語るカヌー・スラロームの世界～2020年東京オリンピックはカヌー・スラロームで盛り上がろう！～」の講演。藤野氏は、自らの体験を含めて日本のカヌー選手のオリンピック出場の歴史などを語りながら、葛西のスラロームセンターについて、「日本初の人工スラローム競技場は、前回のリオデジャネイロと同じ直線コース（それまではU字コース）で、景色も、観覧車から見ても素晴らしいし、きれいな楽しいコースで、選手に聞いても、水がきれいで気持ちがいい、爽快感がある、最高、と高く評価されています」と語り、これまでのオリンピックでも、素晴らしいカヌー場は大会後も人を集め、まちおこしにつながっていることを強調。

「ドイツのミュンヘンのカヌー場はビールを飲みながら観戦できる楽しいコースで、大好きなコースです。僕らも合宿に行くし、多くの人が集まります。また、バルセロナ五輪で自然の渓流をスラローム競技場にしたセオデウルヘルは、オリンピック・レガシーで人口が増え、それでも1万3000人ぐらいの小さな町ですが、町のカヌークラブには100人もの会員がいるのです。人口の1％近くです。この小さな町にスペインだけでなく世界から人が集まる。私たちも行く。今年の世界選手権もここで行われるのです」

小さな町が、カヌーによって元気な町になっている。そして2019年9月にはスラロームの世界選手権が開かれ、世界中から観客を集め、日本からもメダリストの羽根田卓也選手や女子カヤックの竹下百合子選手らが出場している。

このように内外から人を集め、居住人口もカヌー愛好者も増やす「カヌーのまち」をつくるには、カヌーはまだマイナーなスポーツだけに、行政、地域と競技団体の連携を進めていくことが大事だとも強調した。

藤野氏は、江戸川区カヌー協会の立ち上げにも尽力した同協会顧問でもあるが、「東京のカヌーの聖地」の先輩格の青梅市の出身だ。

「青梅市からカヌー選手が3人、オリンピックに出ています。しかも、同じ中学校から。子どもたちに川に来てもらい、みんなで楽しんでやろうと早い段階から取り組んできた結果です」

青梅の御岳渓谷の渓流のカヌー場を練習拠点として多くの選手が集まり、日本代表クラスの選手が多数、協会にも加盟しているが、「青梅出身者は、最近はオリンピックに出ていないので、もう一度まちを盛り上げ、『メイド・イン青梅』の選手を育てようと、地域で、日本独自の育て方で育てようとしているところです。そして、そのカヌーのまちに行きたいな、世界からは日本に行きたいな、というようにしていきたいと思っています」と語った。

葛西のスラロームセンターの意義や江戸川区の取り組みについては、

「私たちはこれまでも年に半分、たとえば冬場はシドニーなど世界で練習をしてきたのです。そこで強い海外選手のデータなども学び取ってきたけれど、実はこれではレベルが上がらないのではないか。生活拠点の日本に1年中練習できる拠点をつくらないと、そして逆に海外から日本に来て、強い選手のデータを取って帰る、というようにしていきたい。その点でもスラロームセンターの活用の仕方が大事になると思います。それに多くの子どもたちがカヌーにふれ、楽しくカヌーができる状況をつくることが大事ですが、江戸川区はそれを区、区民、協会が連携して取り組んでいる。その子どもたちのなかから強い選手、オリンピック選手が育って出てくるというのが夢です」

青梅の子どもたちとも切磋琢磨して代表争いをするような時代がくると素晴しいと思う。

「スポーツツーリズム」でまちを、区を元気にする

シンポジウムの後半は、「カヌー魅力発見!~スポーツツーリズムで元気なまちに~」をテーマにパネルディスカッションが行われた。

コーディネーターは、澁谷茂樹氏（笹川スポーツ財団スポーツ政策研究所シニア政策アナリスト）が務め、前出の藤野氏や斉藤猛江戸川区長らもパネリストになった。

「スポーツツーリズム」について詳しく紹介したのが、日本スポーツツーリズム推進機構（JSTA）会長の原田宗彦氏（早稲田大学スポーツ科学学術院教授）。

スポーツツーリズムとは、簡単にいえば「スポーツで人を動かすこと。それに加えて、スポーツで人が動きたくなる理由をつくること」だという。

もう少し詳しくいえば、スポーツ大会や試合の観戦、スポーツイベントへの参加などによる人の移動と開催地の周辺の観光とを融合させて、交流人口の拡大や地域経済への波及効果などをめざす取り組み、ということになる。このスポーツと観光を融合させた旅行スタイル、つまりスポーツツーリズムの普及を通じて、近年盛んに強調されているインバウンド（訪日外国人客）の拡大やまちおこし、地域産業の振興などが期待されている。それを進めるために２０１２年（平成24年）４月、原田氏が会長の産学官の連携組織、日本スポーツツーリズム推進機構が設立された。

日本にはプロ野球やJリーグ、大相撲などの集客力のあるプロスポーツに、さまざまな球技のリーグ戦や各種競技大会、あるいは各地のスキー、トレッキング、海水浴、ダイビングなどの自然環境を利用したアウトドアスポーツ、大小さまざまな市民マラソンやトライアスロンの大会など、非常に多くのスポーツイベント、大会がある。

この豊富なスポーツも人を動かし、呼び込む観光資源であり、それが生み出す経済効果による地域振興、まちおこしをしようとの考えが普及してきたのだ。

「スポーツツーリズムの本質は『来る理由』『動く理由』をつくることです。人は何らかの目的がないと動きませんから。2019年のラグビーワールドカップもそうですが、2020オリンピック・パラリンピックが世界のスポーツツーリストに日本に来る理由を提供する。ですから大きな意味がありますが、このようなメガスポーツイベントは多くの人が来ても期間限定の一過性のもの。スポーツツーリズムは長期間に渡って持続性のあるもの、大会後が重要なのです」

と、原田会長。そのためにアジアでトップクラス、世界でも有数の施設、オリンピック・レガシーのスラロームセンターをどう使っていくか。大会後も、カヌーの愛好者を呼び込む講習会や大会。すでに企画されているラフティングなどのスポーツ体験ができるアトラクション、スポーツイベントをどう行っていくか。

「スポーツをしたい人が江戸川区にたくさん来て、アトラクションを楽しむ。人が動き、交流人口が増えれば、中小のビジネスも生まれます。たとえば駅から会場までにさまざまなショップやカフェができるかもしれない。レンタカーやレンタサイクルなどのサービス業も生まれるかもしれない。そうすると地域に雇用をもたらし、地域のイノベーションにつながるのです」

また、日本のスポーツツーリズムの需要拡大のためにスポーツ庁と協力して進めているのが地方における「アウトドアスポーツツーリズム」と「武道ツーリズム」だという。「武道」も「ＢＵＤＯ」と書くような、たとえば忍者、流鏑馬《やぶさめ》的なもの、旅行先での遊びを意味するアクティビティ。日本でしか体験できない文化、希少性の高いものの実技体験。このようにスポーツも広くとらえ、また、スポーツ＋αの「アクションツーリズム」や「アドベンチャーツーリズム」なども推進しているという。

このようなビジター、観光客を動かし、増やすためのスポーツイベント、アトラクションを、どのようにつくり出していくか。

「地方においては、スポーツと景観、環境、文化などの地域資源を掛け合わせて『スポーツ＋α』で、まちを盛り上げていこうとする取り組みが増えています。とくに高齢化と人口減に悩む地方自治体は、まちおこしのために、それに懸命に取り組んでいます。このスポーツツーリズムは民間だけではできません。推進しているのが、地方公共団体とスポーツ団体、そして観光産業などの民間企業が一体となって組織している『地域スポーツコミッション』です。私たちはそれをつくる活動を行っています。この『地域スポーツコミッション』は施設の運営ではなく、人を動かし、呼び込むためのイベントを企画、あるいはそのような大会をその地に持ってくるのが仕事です」

と原田会長。地域スポーツコミッションは、スポーツ庁も2015年（平成27年）度からその活動を支援している。具体的な業務は、「スポーツツーリズム」や「地域スポーツ大会・イベントの開催」、「（国内外の大規模な）スポーツ大会の誘致」「（プロチームや大学などの）スポーツ合宿・キャンプの誘致」など。

自治体、スポーツ団体、民間企業などが連携してつくる（あるいは運営する）常設組織で、名称や組織形態はさまざまだが、全国に約100の地域スポーツコミッションがあり、同庁では2021年度末までにそれを170に拡大するとしている。

地域スポーツコミッションでよく知られているひとつが、さいたま市の「さいたまスポーツコミッション」で、世界的な自転車レースを町に誘致して「ツール・ド・フランスさいたまクリテリウム」を開催。数十億円の経済効果に貢献しているという。

「このような地域組織が将来誕生することも、オリンピック・レガシーのひとつと期待を持っていますので、江戸川区長さんにもぜひつくることをお願いしたいと思います」

と原田会長は締めくくった。「カヌー区」実現に向けた組織づくりの提案だった。

レクリエーション・カヌーに、パラチャ、エコツアーも

同シンポジウムのパネリストの一人、辰野勇氏は日本レクリエーションカヌー協会の会長。元々は登山家として有名で、登山用品メーカーの株式会社モンベル創業者（現会長）である。「世界中の山を登った後、カヌーに転向し、黒部川源流部から河口までカヤックで下り、また、グランドキャニオンやネパール、中米コスタリカなど世界中で川下りをしている」という辰野氏。１９９１年には、日本で初めての身障者カヌー大会「パラマウント・チャレンジカヌー」をスタートさせている。

「奈良県五條市の吉野川で障害者が初めてカヌー体験をしたのですが、そのときの感想が『カヌーに乗ると障害者であることを忘れていた』。カヌーの上では健常者も障害者もない、バリアフリーだというのです。それを聞いて、まさに『やってよかった』と。それでその後もさまざまな取り組みを行っています。瀬立モニカ選手（前出）がリオで8位入賞したのもその成果の一つだと思っています。東京での活躍も期待しています」

なお、「パラマウント・チャレンジカヌー」とは障害者カヌーの大会のこと。パラマウント（最高の）チャレンジができるスポーツがカヌーであるとして、この名で呼ぶ。略して「パラ

チャ」。そのパラチャの大会が毎年、各地を巡り開催されている。

辰野氏は、さらにレクリエーションカヌーの実践者として、「エコツアー」「エコツーリズム」の事例を紹介。そのなかで注目されたのが、辰野氏の会社（モンベル）と鳥取県が2009年から行っている「皆生《かいけ》・大山SEA TO SUMMIT（シー・トゥー・サミット）」。日本海をカヤックで漕ぎ出し、自転車と登山を組み合わせて国立公園・大山の弥山《みせん》山頂（1709m）をめざす2日がかりのイベントだ。2015年10月には当時のキャロライン・ケネディ駐日米大使も選手として参加、カヌー、自転車、登山のすべてをこなしてゴールしたという。

計約35㎞のコースを人力だけでカバーする。国内外から毎年200人から300人前後の選手が参加、出場するという。「スポーツツーリズム」の要素もあるが、必ずそこに「環境シンポジュウム」を加えて自然環境の大切さやその保護などについて学ぶ。そこが「エコツーリズム」たるところだという。

この「シー・トゥー・サミット」は、鳥取から各地に広がり、2019年には北海道（大雪旭岳）長野（千曲川・高社山《こうしゃさん》）など全国13カ所で開催されている。

辰野氏は、会場からの「子どもの川でのカヌー教室やキャンプでのリスクや安全対策」などについての問いに、「子どもたちを川に親しませるために川で教室やキャンプを20年ほど前から行っているが、安全を監視するスタッフ、指導する側のスキルが大事。リスクと安全、監視する方法など、大人がしっかり勉強する必要がある。それにカヌーではライフジャケットは絶対に必要。泳げてもダメ、必ずつけなければ……。水の恐ろしさを知ることです。泳げる人はともすればライフジャケットを軽視するけれど、それは絶対にダメ。大人が川や水を理解すること、もっと勉強することが必要」と答えて、注意を喚起していた。

カヌーにはさまざまな楽しみや可能性がある。その分、危険とも背中合わせのところもあるだけに、大人のしっかりした安全教育が必要であることを強調していた。

各地のカヌー場・自治体との連携は可能か

このシンポジウムには、カヌー事業を行っている全国10の自治体（およびカヌー協会）が参加し、会場に「ご当地カヌー事業ＰＲコーナー」が設けられ、それぞれの取り組みを展示パネルなどで紹介していた。

参加したのは、青森県西目屋村《にしめや》（岩木川カヌー競技場で２０１９カヌースラロームジャパンカップ第４戦など開催）や岩手県奥州市（奥州いさわカヌー競技場で同ジャパンカップ第６戦開催）、鹿児島県湧水町《ゆうすいちょう》（川内川の轟の瀬特設カヌー競技場で２０１９年茨城国体のリハーサル大会および2020年鹿児島国体のスラロームなど）、長野県安曇野市（オーストリア・カヌーチームのホストタウン）や茨城県、千葉県、鳥取県などのカヌー協会だ。

このうちの奥州市の小沢昌記《まさき》市長はパネリストにもなった。2016年に岩手国体が開催された年に完成した胆沢ダムから安定的に流れる水を利用してスラローム競技場をつくろうと国土交通省に働きかけ、河川整備という形でカヌー場を整備したという。そのスラローム場がダム直下の安定水量と高低差が4mあることから国内屈指の難コースと評価され、「その後、スラローム中心にたくさんの人が集まるようになりました。そして今年（2019年7月）は、ジャパンカップ国内7戦の6戦目も開かれた。これはまさに『国体のレガシー』、素晴らしい遺産です」

と、小沢市長。ジャパンカップではオリンピック種目にはない約250mの急流を一気に下るスピードを競うワイルドウォーターも行われた。

難コースに挑戦するため選手が集まり、さらにその流れは北上川との合流点まで約30㎞、カヌーで漕いで行くことができるから、この川下りのコースも人気だという。

江戸川区に対しては、「カヌーっていいよね、スラロームって楽しいよね。応援したいし、僕もやりたい、私もやりたい、区には絶対必要だよねという雰囲気をつくっていかなければならないと思います。それに全国のカヌー関係者が集まっていますが、カヌー場はどこかに一つあればいいというものではありません。これはスキーなどと同じです。あそこで滑ってみたい、あそこは雪質がいい、あのゲレンデに挑戦してみたい、できれば外国のスキー場でも滑ってみたいとなる。カヌーも同様に、岩手、青森、鹿児島にもこういうコースがあるから行って漕いでみたいなと。それぞれ特徴があるのですから。それでカヌーをやる人、ファンが増えれば、カヌー艇もより安く、使いやすいものが増え、メジャーなスポーツになる。そういうところを、ともにめざしていきたいと思います」

カヌー場の連携は可能で必要だと強調した。自然の渓流の場合、気温や水流や足の便などのコンディションを考えなければいけないから、冬場など、季節によっては使えない。だから、日本のトップ級の選手は海外で合宿、トレーニングをしているという。江戸川区のカヌー場は、そのような制限がなく、年中使うことができるという大きな利点がある。それでも自然の中の渓流、急流にも挑戦してみたい、キャンプをしながら楽しみたいという人も出てくるからこのような交流が生まれることも確かだろう。

まず、区民に親しまれること

パネリストの最後に斎藤江戸川区長が、スラロームセンターと新左近川親水公園の二つのカヌー場の映像とともに施設の素晴らしさと、これまで紹介してきたような区のさまざまな取組みを説明した。

「カヌーは、競技スポーツとしても、生涯スポーツとしても素晴らしいもので、水に親しむためにも非常にいいツールです。カヌー場の講習会で学び、レクレーションとして楽しんでも、まちの魅力を高めるひとつになると思います。私もやってみなければそのよさはわからないので、新左近川親水公園で体験をしました。この写真の後、調子に乗って急旋回を試みますとカヌーは見事に転覆しました。……でも、とても楽しかったですね。カヌーをとても好きになった住民の一人として、ご報告をさせていただきました」

と、笑いを誘いながら報告を締めくくった（区長の試乗および転覆体験は写真とともに区のホームページの「区長室」でも報告されている）。

それぞれの報告の後、パネリストによるディスカッションも行われ、「カヌー区」にしていくためのアイディアなども出された。たとえば、

「銀座から30分でカヌーができる」

「会社が終わった後、電車でさっと行って、ウォーター・スポーツを楽しんでビールで乾杯をしよう」

などの都会のカヌー場の強みを強調するプランを打ち出して人を呼び込んでいけばよい、などのアイディアだ。

ただ、会社終了後に楽しむためには新左近川親水公園の閉園時間（4月～8月午後6時、10月～2月午後4時、3月・9月午後5時）が早過ぎるのでは、との疑問も出されたが、公園にはナイター設備がない。実際に人気、ニーズが高まり、区民から強い要望が出されるようにならなければ、行政としてはそこにだけ資金を回すようなことはできない。「ですから、盛り上がりが大事なのです」と斉藤区長。課題も少なくないが、その解決なども含めて「5年、10年、20年後に、『江戸川区でカヌーをやって本当によかったね』と言われるようにしていきたいと思います」と応じていた。

水との深い付き合いの歴史がある区だからこそ

ところで、若い人は知らないと思うが、この江戸川区には、かつて「べか舟」という小さな舟を備えている家が少なくなかった。

「べか舟」といえば、隣の浦安市の『青べか物語』（山本周五郎著、1961年刊）で描かれた漁師用の平底舟が有名だ。こちらは知っている人も多いかもしれない。昭和初期の浦安をモデルにした漁師町の人間模様を描いた小説で、映画化もされた。その「べか舟」が、筆者の子ども時代だから、終戦直後ぐらいまで、江戸川区でもよく見られた。蓮田などの多かった一之江や船堀あたりの農家の軒先に小さな平底の舟が吊るされていたのだ。

漁師用の舟は貝や海苔を採るためのものだが、農家の軒先に吊るされていたのは主として洪水対策用だったと思う。江戸川区は、かつては水害のまちで、終戦直後のカスリーン台風（1947年）とキティ台風（1949年）では荒川などが決壊して大被害を受けた。以来、さまざまな人たちの取り組み、努力によって大きな水害は防がれているが、当時は2大台風ほどではなくても大雨が降ればすぐ浸水、洪水に見舞われた。元々江戸川区は、水の脅威が常に伴う、海抜ゼロやマイナスの地帯に暮らす人口が隣の江東区と並んで最も多い区である。

このあたりは都市化が進む前は農・漁業地帯として知られ、水は脅威でもあったが漁業や水運、さらに稲作や蓮の栽培などの農業を営むために必要不可欠のものでもあった。「荒《あら》ぶる川」の氾濫なども災害というだけでなく上流から肥沃な土壌を運んでくるというプラス面もあった（もちろん都市化された現在ではまったくあり得ないことだが）。

その洪水のときの移動や荷の運搬の手段として用意されていたのが「べか舟」だった。水辺のまち、洪水地域で暮らすための知恵のひとつだった（農家は農作業にも使っていたようだ）。家の中には浸水したときに畳を上げて濡れないようにする仕掛けなどもあった。

カヌーから「べか舟」を連想したのは、この地域だからこその「水との付き合いの歴史」の新たな1ページがここに始まるのではないかと思ったからだ。

近代的なスポーツ、レジャーとしてのカヌーとの出会い。それを区のスポーツとしてクローズアップし、盛り上げ、「カヌー区」をめざす。常に水と向き合い、深く関わってきた水辺のまちにふさわしい取り組みといえるのではないか。

もちろん江戸川区は「ハザードマップ」にも示されているように、水に対する警戒を決して怠ることのできない地域だが、カヌーをはじめウォーター・スポーツやレジャーを盛んにし、さらに「スポーツツーリズム」にも結び付けるなど、立地条件を負の面だけでなくプラスに活用して、より魅力のあるまちにしていく。江戸川区はこれまで「観光産業が弱い」といわれてきたが、かつての「塩の道」（新川など）なども注目されて水辺が新たな観光資源になりつつあるし、していく必要もあると思う。

また、カヌーなどにより水や水辺に親しむことは、「水を知る」ことにつながる。「べか舟」時代の人は、水の恵みとともにその怖さを知っていたから常にその備えをしていた。前出のシンポジウムでも、カヌーにはライフジャケットが不可欠、水を甘く見てはいけない、安全教育をしっかり行う必要性がある、という点などが強調されていた。水の怖さを知っていればこその注意喚起といえる。

水辺のまちの住民として、やはり水をよく知ること。もちろん盛んに指摘されている「地球温暖化」の影響、環境変化などにも注意をしていく必要もあるだろう。

また、前述のように江戸川区には川辺のゴミ拾い、美化運動をしているカヌーグループもある。カヌーイストに聞くと、カヌーで川に出ると体が低い位置になり、川面に近い目線で流れや水辺を眺めるため、川もまちの景色も普段とはまったく違った見え方がするという。それだけに環境汚染に敏感になるなど、自然や水の変化などに対する見方、反応も変わるようだ。

ボート振興も両輪で

オリンピックのスラローム競技場が、この区にできたことは大きなチャンス、幸運といえるが、それだけでは終わらせない。水との深く長い付き合いをしてきた地域としての自負を持ち、大会レガシーとして「カヌー区」「カヌーのまち」にしていく。その際、常に水の怖さを忘れず、安全教育・対策を徹底した上で、さまざまなチャレンジをしていく。水との歴史が深い江戸川区ならではの「カヌー文化」にしていってほしいと思う。

なお、ウォーター・スポーツといえばボートもある。第Ⅰ部で述べたように江戸川区には男女とも全国トップレベルの小松川高校のボート部がある。将来有望な選手も輩出している。

区内では、ボート体験教室などだけでなく、区ボート協会主催（区後援）で旧中川を会場に「えどがわ区民レガッタ」も実施している。ナックルフォア（漕手４名、舵手１名）の２５０m競漕だ。

とうぜん水に親しむスポーツ、レジャーとして、ボートもカヌーと両輪で（さらにラフティングなども含めて）、ウォーター・スポーツ、水辺のまちのスポーツ・ツーリズムなどを盛んにしていってほしいと思う。

2「下町アーチェリー」で世界に挑戦！

町工場が力を結集、オリ・パラ後にも狙い定める

東京オリンピック・パラリンピックの「レガシー創出」の取り組みのなかで、スポーツの振興はもとより、江戸川区の「まちおこし」「産業振興」にもつなげていってほしいと期待されているのが、区内の町工場がチームを組んで進めているアーチェリー弓具の国産化をめざす「プロジェクト桜」の取り組みだ。

町工場によるオリンピック・レガシーといえば、東京・大田区の「下町ボブスレー」がよく知られている。町工場の技術・開発力を示そう、世界に発信しようとの心意気などでは共通する取り組みといえる。いずれもマスコミにも注目されている。

「下町ボブスレー」は、2018年の平昌冬季オリンピックで、熱帯の中米ジャマイカのナショナルチームに、町工場が集まって開発したそりに乗って「氷上のF1」などともいわれるボブスレー競技で活躍してもらうことをめざした。そりは完成したが、残念ながら「オリン

ピック本番で滑走」の夢は実現できなかった。

江戸川区の町工場がチームを組んで開発を進めているアーチェリー弓具も、東京２０２０大会で日本人選手が使って活躍してほしいとの願いから開発を急いだという面もあるようだ。だが、このプロジェクトの本当の狙い、目標は、その先、オリ・パラ後にある。

「開発した弓具を国産アーチェリーとして復活、普及させたい。そのために、日本人の体に合った弓具にして、この地でアーチェリーが盛んになるようにしていきたいし、さらに競技人口が圧倒的に多い海外市場にも打って出たい。そのために江戸川区の町工場が持っているさまざまな力、ポテンシャルを結集し、この地域を世界に向けたアーチェリーの一大生産拠点にしていきたいと考えているのです」

力強く語るのは「プロジェクト桜」のリーダー、西川精機製作所（江戸川区松島）の西川喜久社長（前出。カヌーのシンクロ・ライド・シミュレーターなどを開発）だ。

日本人の体格に合った国産弓具を！

アーチェリーは、日本の弓道、「和弓」に対して、西洋の弓術、「洋弓」とも呼ばれる。オリンピックにおける日本人選手の活躍は第Ⅰ部の「アーチェリー」の項で紹介した。なかでも大きな話題になったのがアテネ２００４大会で男子個人の銀メダルを獲得した山本博選手だった。ロサンゼルス１９８４大会に日本体育大学の学生として出場して銅メダルを獲得して以来の20年ぶりのメダルだったからだ。高校教師をしながら選手生活をつづけ、ついにワンランク上の銀メダルを手にした。41歳になっていたから「中年の星」と称えられた山本選手は、『最後は願うもの——41歳の銀メダル』（２００５年4月、ジャイル刊）を出版し、テレビのバラエティ番組などに引っ張りだこになっていた時期もあった。

山本選手のこのような活躍やその後のメディアでの露出などの話題性によりアーチェリーの認知度が高まり、普及も進んでいった。その流れの中で、２０１０年（平成22年）に江戸川区の総合競技場（１９７０年落成）に別棟のアーチェリー場が建設、整備された。矢道距離50ｍの室内射場で、一般開放されているものとしては全国的にも誇れる立派な施設といえる。「下町アーチェリー」の開発を進めている「プロジェクト桜」のリーダー、西川社長も、このアーチェリー場で弓を引き始めた。２０１１年（平成23年）、江戸川区アーチェリー協会が開いた「初心者講習会」に参加したのだ。それが「下町アーチェリー」開発ストーリーの始まりとなったといえる。

西川社長は「中年の星」と騒がれた山本選手と同世代（3歳下）だ。オリンピック選手とはレベルがまったく違うものの、アーチェリーは子どもも中年世代も高齢者も、つまり老若男女、幅広い年齢の人たちが肩を並べて競技し、楽しむことができるスポーツといえるようだ。しかも、江戸川区に素晴らしいアーチェリー場ができたことから、子どもたちと一緒に習い、弓を引き始める大人も出て来た。西川社長もその一人だった。習い始めてすぐにアーチェリーの魅力に引き込まれ、熱心に練習をするようになったという。

「ゴルフでもそうですが、少し腕を上げると、自分に合ったクラブ、用具を揃えたくなりますよね。アーチェリーも、始まりは、それと同じでした」

と西川社長。そして「マイ弓具」を揃えようとして知ったのが、日本製のアーチェリー弓具はもう売られていない、作られていない、という現実だった。

「先輩などから、かつては『西沢』や『ヤマハ』といった日本のメーカーの弓具を使っていたと聞いていたのですが、もう作られていない。景気の浮き沈みの中で、日本のメーカーはすべてアーチェリーから撤退したという残念な現実を知ることになったのです」

スキーで有名だった「西沢」もバブル崩壊以降の不況や海外品の流入などでアーチェリーから撤退（長野県の書店がルーツの「西沢」は、その後、世界的に知られたスキーからも撤退）。

日本のアーチェリー界を長くリードし、世界のトッププレーヤーにも愛用されてきた「ヤマハ」のアーチェリーも、山本選手の20年ぶりのメダル獲得で騒がれる前の2002年に撤退していた。経済低迷の末の事業戦略見直しで事業に見切りをつけてしまったのだ。

西川社長がこの現実を残念に感じたのは単に国産品がなくなったということではない。

「外国製は、小柄な日本人には重さや長さなどで合わないのではないか、という疑問があったからです」

その上、海外メーカー製の弓具を、金属加工のプロの目から見ると、細部の設計・加工技術などに不満な点があったからだ。

「自分ならもっとうまくできるはずだ」

そこで西川社長は、「自分の手でアーチェリー弓具を作ろう。それも日本人の体に合った弓具を。すぐにはできなくてもライフワークとして作っていこう」との思いに至った。区のアーチェリー協会や練習会などでも、その思いや夢を仲間に語りながら、弓具づくりを模索し始めたという。

ハンドル作りから始め、転機は五輪とブレーンとの出会い

弓道で用いられる「和弓」は、かつては竹製（いまは多くはグラスファイバー製）の弓の両

端に弦《つる》を付けて張り、それを引いて矢を射る。

アーチェリーは、和弓とは異なり、弓（ボウ）が金属（アルミなどの軽合金）製のハンドル部分と、その両端に付けるリムと呼ばれる板バネ（一般に木や竹、炭素繊維の板などを何層も重ねる）によって構成され、その両リムに弦《げん》を張って矢を射《う》つ。ハンドル部分には、安定的に矢を放つためにスタビライザー（安定器）やサイト（照準器）などを装着する。

以上は、オリンピックのアーチェリー競技で用いられる「リカーブボウ」と呼ばれる弓の説明。ほかに小さな力でも矢をより強く遠くに飛ばすためにリムに滑車を取り付けた「コンパウンドボウ」などの種類もある（パラリンピックにはこれを用いる競技もある。欧米では狩猟用などで特に人気が高い弓具という）。

矢はいずれも主にアルミチューブに炭素繊維を巻き付けたものが用いられる。

アーチャーと呼ばれるアーチェリー競技者は、マイ弓具を揃える際、初心者は弓具一式揃ったものを購入することが多いとしても、西川社長が語っているように、技を磨くにつれて、弓（ボウ）も自分好みの、自分の技量に合った組み合わせにする人が多いようだ。ハンドルは○○製、リムは△△製、サイトは××製というように自分好みで組み立てる。

メーカーや小売りも、このようなニーズに合わせた品揃えをしている。日本のメーカーが撤退してしまったいまは、競技も圧倒的に強い韓国とアメリカの2強メーカーがそれぞれのシェアを争っているようだ。

アーチェリー用具のこのような現実も、西川社長を国産化に駆り立てる要因になった。自社が得意とする金属加工の技術を生かせる金属製のハンドルを作ってみよう。それも日本人の体に合ったもの、そして技術的に不満のあるリムの接続箇所などは、もっと精度を高めたものにしていこう――。こう思い、自社工場で既製品の寸法を測ったり、図面を描いたり、材料を選んでそれを削ってみたりと、暗中模索のハンドルの試作に取り組み始めたという。

マイペースの手探りの試作品作りを行っていた西川社長に大きな転機が訪れた。それは2013年（平成25年）の東京2020大会開催の決定だ。

「ライフワークとして、できれば2025年ぐらいまでに弓具を作ってみたいなというスケジュール感で試作に取り組み始めていたのですが、東京オリンピック開催が決まったことで、何とか前倒しできないものかと計画を具体化するために動き、さらにかつてのメーカー『西沢』でアーチェリー弓具の設計開発を担当していた本郷左千夫さんと知り合い、その教えを受けることができるようになって、その実現の可能性が一挙に高まったのです」

同時に江戸川区のさまざまな部署では、東京2020オリ・パラ大会の準備、機運盛り上げなどとともに「大会レガシー創出」の取り組みに乗り出し始めていた。

区には、中小のものづくり産業が集積している。バブル崩壊やリーマン・ショックなどを通してかなり減ったとはいえ約２０００社ある。

その中小企業に元気がない。そこで「オリンピック・パラリンピック大会を機に、中小企業が集結して新たなものづくりを推進していきませんか」「協力して地域の産業を盛り上げませんか」と産業振興課が呼び掛けて開始したのが『Ｍａｄｅ ｉｎ Ｅｄｏｇａｗａものづくり推進プロジェクト』だった。

この呼びかけにすぐ手を挙げて「２０２０オリ・パラに向けた競技用具の製品開発で区内企業の技術力向上や新たな事業展開につなげ、地域産業の活性化を図ろうとする取り組み」として認められたのが、西川社長らによる「アーチェリー弓具の国産化」のプロジェクトだった。

２０１７年（平成29年）度に同プロジェクトがスタート。西川社長は、同年6月、ほかの区内3社とともに「プロジェクト桜」を立ち上げて、アーチェリー弓具の開発を区の支援事業として進めることになった。これでアーチェリー国産化の夢が早期実現に向けて大きく踏み出すことになった。

このプロジェクトでは、強度や靭性、重量などから選びぬいたアルミ合金のブロックから

「ハンドル」を削り出すのがリーダーの西川精機製作所、プラスチックなどで作るグリップは株式会社秋東精工（プラモデルの設計、金型製造など）、塗装が株式会社折井電装（金属小物塗装）、ハンドル表面処理が株式会社田島製作所（メッキ・アルマイト）と4社がそれぞれ得意とするところを担当している。いずれも江戸川区の製造業、町工場である。

マスコミも注目！　オリンピックをめざした挑戦

西川社長の個人的な思いから始まったアーチェリー弓具づくりは、区が後押しする「オリンピック・レガシー」創出プロジェクトとして進められ、その年（平成29年）11月、タワーホール船堀で開かれたシンポジウム「『プロジェクト桜』～純国産アーチェリー弓具の復活～」で試作品が披露された。

「下町アーチェリー」の取り組みは、マスコミにも注目され、シンポジウム直前の10月30日、NHKテレビ（総合）の「超絶　凄《すご》ワザ！　東京オリンピック全力応援　究極の競技用具を作れ！」というオリンピック応援番組で取り上げられた。

そのなかで電気通信大学の宮嵜武教授が流体力学の専門家として出した課題「アーチェリーの『ハンドルの接合部分のブレ振動』を抑える」ために行ったプロジェクトの取り組みや出来

栄えが検証された。それを手掛けた西川社長らの様子やコメント、そしてアーチェリー競技の若手ホープ、前田悠帆選手による試射の様子や感想などが紹介された。

同番組では、西川社長らのプロジェクトチームが、ブレーンの本郷氏などの指導を受けて進めてきた矢の命中精度を上げるためのハンドルとリム（板バネ）の接合部のズレをなくす設計、技術力が高く評価された。さらにオリンピックに向けて改良を加えながらフィールドテストを実施し、データ検証などを行っていくことなどが紹介された。

番組の反響は大きく、製造以外の広報などを担当するメンバーも加わり、プロジェクトはさらに注目度を高め、勢いをつけていった。

ハンドルづくりは、3度の試作品づくりを経て、2019年に第1号の試供モデルが完成。同年7月下旬、品川区で開かれた東京都主催「ものづくり・匠の技の祭典2019」の西川精機製作所の出展ブースでも紹介された。

いよいよ東京オリンピック出場をめざしている選手に、このハンドルの精度の高さ、ブレの少ない安定感などを知ってもらい、それを使って好成績を上げてほしいと、念願の夢の実現のための取り組みも始められた。

もちろん昨今のオリンピック選手や一流アスリートの用具の選択は、単に性能や好みによる問題だけではないようだ。メーカーと選手、あるいはメーカー同士のスポンサー契約などをめぐる争いなどもよく耳にする。

たとえば2019年9月に実施された東京2020大会マラソン代表を選ぶMGC（マラソングランドチャンピオンシップ）でも、有力選手はシューズがどのメーカーのどのようなものかまで紹介されていた（有力メーカーのかなりの独占状態にあった）。また、マラソンシューズといえば、やはり小説、テレビドラマで話題にもなった『陸王』（池井戸潤作）などではメーカー間の開発とスポンサー契約をめぐる争いや人間模様などが描かれていた。

もちろんメーカーも、アスリートのために全力で支援し、開発を行うのだろうが、やはりそこはビジネスであるだけに単純な話にはならないだろう。

アーチェリーなどの競技用具もとうぜん、そのような面から、選手へのアプローチもさまざまな工夫や人的関係なども必要になるはずだ。西川社長らの町工場にとってはこれは不得手な分野ということになるだろうが、それを得意とする会社やブレーンなどとの連携、コラボレーションも模索、進めて「下町アーチェリー」を使って大会で活躍する選手をぜひ出現させてほしい思う。

もちろん、前述のように、このプロジェクトは、そこがゴールではない。もっとも重要なのは、「その後《あと》」である。だからこその「オリンピック・レガシー」創出のアーチェリー開発といえるのだ。

標的はオリンピック後の国内外の市場

「プロジェクト桜」の真の標的、目標は、オリンピックを機とするアーチェリー人気の盛り上げ、市場の拡大、合わせて生産拠点づくりを進め、国外マーケットへ進出することだという。

「日本人の体にも合ったアーチェリー弓具を復活、普及させていけば、オリンピック・パラリンピックを機に、アーチェリーに親しむ人も増えるのではないでしょうか。元々、他では見られない立派なアーチェリー場のある江戸川区での普及、振興は真っ先に進めていきたいと思います。合わせて江戸川区は、われわれのアーチェリーづくりによって、東京というより全国の唯一のアーチェリーの生産拠点になるわけです。この地元の町工場のチームによるプロジェクトで、国産アーチェリーのよさを証明していきながら、国内だけでなく競技人口600万人という圧倒的に多い海外市場に打って出たいと思います。課題は少なくないですが、江戸川区の町工場のさまざまな力を結集して、この地区を世界レベルのアーチェリー弓具の生産拠点にしていきたいと考えているのです」

「僕の勝手な野望」と断りながら、大きな夢を語る。また、この点が前述の「下町ボブスレー」との大きな違いだという。ボブスレーは大田区の多数の町工場が自らの技術力のPRやそのボトムアップ、さらに企業PRのためにチームを組んだ。

「僕が聞いている限りでは、最高レベルのそりが製造できています。それがオリンピックに採用されなかったことから、成否をめぐり見方は分かれますが、経営者としては彼らは成功していると思っています。彼らはそり1台何千万円かけて作っても、その値段で売ろうなどと思っているわけではない。商品としてではなく、自分たちの技術の高さを証明するアイテムとして作っている。僕らは違うのです。これを販売して世の中の人に買って使っていただきたいというので動いているのです」

その実現に向け、「下町ものづくりコンシェルジュ」と名乗る西川社長が得意とする「産学連携」「異業種交流」、あるいは「町工場のネットワーク」などをフルに活用していく。

たとえば、完成した市販モデルを流体力学研究を専門とする電気通信大学の宮嵜教授（前出）の協力も得て、飛翔性の実験を重ね、東京都の産技研による弓具の振動などの実験データなどの数値も示しながら製品をマーケットに投入していくという。

その後さらにさまざまなユーザーに向けたハンドル作りを行う必要性も出てくるだろう。老若男女が楽しめる生涯スポーツなのだから、ユーザーもさまざまだ。地元のアーチェリー人気が高まり、その要望も地元から次々に出されるようになれば、生産態勢もさらに柔軟かつ強力なものになっていくのではないか。

パラリンピックでは、前述のように、リカーブボウだけでなく、コンパウンドボウの競技も行われる。障害によっては弓具の改造も必要だし、それも許されている。パラスポーツでは、障害や技能レベルに応じた製品の開発など、さまざまなニーズへの対応力も必要になる。

さらに西川社長は、いずれはリム（板バネ）の開発、製造にも取り掛かりたいという。その際も、産学連携や、木工技術に優れた町工場を含む企業連携、コラボの力が必要になる。まだまだ課題が多い分、可能性も大きいといえるだろう。

まず、オリ・パラ大会を機にアーチェリー人気を地元でも高めること。この点では、「カヌー区に！」の取り組みと共通するところがある。

競技が盛んになり、そのニーズにも応える「下町アーチェリー」が産業として成長し、国内外に誇れるアーチェリーの生産拠点になる。

江戸川区を舞台にそれが行われようとしているのである。

2019年7月に「ものづくり・匠の技の祭典」でハンドルの試供品を紹介（上）2020年2月には米国ラスベガス開催のThe Vegas Shootの展示会に商品化第１号を出展（下）

データ&メモ

西川精機製作所

１９６０年（昭和35年）創業の金属加工会社（本社事務所・工場＝江戸川区松島）。

西川喜久社長（１９６５年６月生まれ）は、日本大学獣医学部農業工学科（現生物資源科学部）を卒業して入社。１９９９年（平成11年）、初代社長の父の死により後継社長に就任。町工場が長期不況や顧客企業の海外進出などにより苦難の時代を迎え、さらに２００８年（平成20年）のリーマン・ショックで追い打ちをかけられた時に、「下請け・孫請け仕事だけでは製造業として生き残れない」として、企業の抜本改革に取り組む。その柱にしたのが「産学連携」「異業種交流」「町工場のコミュニティ構築」や「新規事業」「自社ブランド品の開発」などで、その路線上で国産アーチェリーも取り組まれている。

新規事業、自社製品には、東京高専との連携によるカヌーの試乗体験ができる「シンクロ・ライド・シミュレーター」（前出）や「車いす取付用ボウリング投球機」などがある。

投球機は、障害のある人も一緒に競技して楽しむ、ボウリングのバリアフリー化、ユニバーサル・スポーツ化のツールと期待されている。障害者支援団体との連携により開発、賞にも輝いている。

同社の工場の一角には、東京芸術大学との連携から生まれた「アーティスト工房」がある。さらに西川社長は、江戸川区の「子ども未来館」で小学生向けゼミ「町工場サイエンス」を担当している講師でもある。また、都や区のオリ・パラ大会向けのさまざまなイベントなどにアーチェリー弓具やカヌーのライド・シミュレーターを出展する際も、「ミニアーチェリーづくり」や「ゴム鉄砲製作」などのワークショップを開き、子どもたちに「ものづくり」の魅力、楽しさを伝える活動をつづけている。

3 パラスポーツと国際交流で「共生社会」を！

パラ先進国のオランダの「ホストタウン」として

江戸川区には、東京オリンピック・パラリンピックの「大会レガシー」の創出として、もうひとつ大きな力を注いでいるものがある。それが、「障害者や外国人も、だれもが安心して自分らしく暮らせるまち」、つまり「共生社会」実現をめざす取り組みである。

そのために区が行っているのが、パラスポーツ先進国のオランダの「ホストタウン」になって連携事業を進め、同国の優れた点を学び、取り入れていく施策だ。

「ホストタウン」というのは、東京オリ・パラ大会に向けて、「グローバル化」や「地域の活性化」などの観点から、政府が大会参加国・地域との交流を図る自治体を登録し、その後押しをする制度だ。長野1998冬季オリンピックで始められた「一校一国運動」がモデルになっている。それはオリンピックを迎えて、学校ごとに応援をする国・地域を決め、その国の選手や関係者、子どもたちと交流して文化や言葉を学び、異文化の理解を深めるという活動で、I

OCからも高く評価され、その後の冬季大会などに引き継がれている。長野オリンピックの大会レガシーともいえるものだ。

その活動を受け継ぐ施策が、自治体単位で応援をする国・地域を決める「ホストタウン」だ。それを各地につくり、東京2020大会の機運を高めるとともに、大会効果としての「地方創生」「国際化」などを「オリ・パラ・レガシー」として全国に波及させることを目的とする。

この構想に、江戸川区も手を挙げて、オランダの「ホストタウン」に登録された（2017年7月）。

「ホストタウン」は、目的に「地方創生」が掲げられているように、地方の自治体が、まず、その国・地域の競技団体の事前合宿などを誘致し、合わせて選手や関係者などとの交流事業を行うことにより大きな経済効果を期待するというのが、よく行われている取り組みと狙いといえる。その点、江戸川区の場合は少し異なる。合宿誘致による経済効果などが目的ではない。

少し経緯を説明すると、江戸川区は、第Ⅱ部冒頭でふれたように、2016年1月、東京2020大会を迎えるにあたって取り組むべき課題として「江戸川区推進プログラム」を策定し、「明日の江戸川区はこうありたい」との未来構想を描いて、地域の振興や「共生社会」の実現に向けた取り組みを始めていた。

そこにオランダのオリンピック委員会・スポーツ連合（NOC・NSF）から、日本の自治体とパラスポーツの連携事業を行いたいとの申し出があり、日本スポーツ振興センターがその橋渡しをして東京近郊の自治体に募集をかけた。それに手を挙げて連携自治体に選ばれたのだ。ほかに足立区、西東京市も選出され、オランダの「ホストタウン」として登録された。

連携事業は、オランダ大使館において協定を結び始められた、区民にもだいぶその名が知られるようになった「Game Changer（ゲーム・チェンジャー）プロジェクト」で、パラスポーツ振興を柱にさまざまに取り組まれている。

Game Changerとは「試合の形勢を一変させる人」の意で、そこから「ものごとを大きく変える人」として使われ、連携事業名に採用された。区も、このプロジェクトを「パラスポーツで社会を変える」と謳い、「社会を一変させる人をつくる事業」とも強調している。

前述のスポーツの力、カヌーの力でまちを変えようとしているのと同様、パラスポーツの力で、まちを人を変えていこうという取り組みだ。

具体的には、パラスポーツ先進国のオランダから、パラスポーツを通じて多様な社会のあり方や心のバリアフリー、障害者スポーツの振興策などについて学び、それを活かしてパラスポーツの普及・発展を図り、まちや人の気持ちも動かし、変えて「共生社会」を実現していこうというものだ。

データ&メモ

「子どもの幸せ世界一」でもあるオランダ

オランダはヨーロッパ北西部の立憲君主国。正式名称はネーデルラント王国。日本語のオランダ（和蘭陀）は同国の中心地域の「ホラント」がなまったものとされる。北海沿岸の低地にあり、九州とほぼ同じ面積（4・2万㎢）の国土の4分の1は海面より低い（ネーデルラントは「低地の国」の意）。人口1718万人（2017年12月・オランダ中央統計局）。人口密度が世界屈指の国。首都はアムステルダム（政府や国会などはハーグにある）。

17世紀にヨーロッパ一の海外貿易国として発展。日本とも交易し、鎖国時代には長崎・出島の和蘭商館が西洋貿易・文化の唯一の窓口になっていたこともよく知られている。農牧畜業、チューリップなどの園芸や近代工業が盛んなEU（ヨーロッパ連合）の原加盟国。

国民のスポーツが盛んで人気の高いサッカーも世界の強豪国のひとつ。同国発祥といわれるスピードスケートは冬季五輪で金メダリストを輩出している。平昌オリンピック金メダリストの小平奈緒選手も同国で2年間トレーニングを積んだ。

前回の東京五輪で柔道の無差別級を制したアントン・へーシンク選手、1972ミュンヘン大会のウィレム・ルスカ選手など、日本でもよく知られている選手も少なくない。

障害者スポーツが盛んでパラリンピックで多くのメダリストを出し、その何人かのメダリストが、この連携事業で江戸川区を訪れている。

筆者が昔、パリ大学に留学していた時代（1960年代）に初めてオランダを旅したときには、まずアムステルダムの国立美術館にレンブラントの有名な「夜警」を見に行った。レンブラントは、オランダが世界の貿易・商業国になった17世紀の最高の画家のひとり。オランダは「レンブラントの国」でもある。そのとき美術館巡りをした後、郊外の農村風景を見に行き、土地区画整理がきちんとなされている様子に感心した。低湿地の開発は、このような形で行われるのかと強い印象を受けた。のちに筆者が「葛西沖埋立事業」に関わった際には、そのときのよく整理された田園風景を頭に浮かべながら議論に加わったものだった（拙著『されど未来へ』にもこのことを書いた）。

また、オランダはユニセフ・イノチェンティ研究所が2007年2月に公表した研究報告で、「子どもの幸せ」が先進工業国21カ国中の第1位とされた。子どもと若者の生活と福祉の総合的評価をするとの観点から、「物的状況」「健康と安全」「教育」「友人や家族との関係」「日常生活上のリスク」「子どもや若者自身の『実感』」の6つの側面から子どもの幸せを測り、比較した結果で、オランダは、いずれの項目も平均点が高くトータル1位となった。

この結果に対して日本では、特に「教育」が注目され、「オランダの教育」についてのさまざまな議論がなされたり出版物が出されたりしている。

来日したメダリスト、トップアスリートとの交流

江戸川区がオランダのホストタウンに手を挙げたのは、同国がパラスポーツ先進国であること以外にも理由があるという。

まず、オランダは、「子どもの幸せが世界一」とされている点だという（前出別項参照）。「なぜそのように評価されているのか。スポーツだけでなく、さまざまな交流を通して、学び、吸収できることも多いのではないかと考えたのです」（区オリンピック・パラリンピック推進課）という。

また、江戸川区は「多くがマイナス・ゼロメートル地帯」というオランダとの共通点がある。過去には、そのオランダなどを招いてタワーホール船堀で国際会議「世界海抜ゼロメートル都市サミット」を開いたこともある（２００８年12月、実行委員会＝国土交通省・東京都・江戸川区）。区との直接の交流の歴史もあるのだ。

このようなことを踏まえ、区はオランダのホストタウンに名乗りを上げ、パラスポーツの連携事業を進めている。主な活動を時系列でざっと見ていく。

このプロジェクトは、オランダがパラアスリートやコーチを区に定期的に派遣して、交流、指導を行い、「共生社会」の実現に向けた地域の課題解決を進めていく、という協力事業が大きな柱になっている。

その派遣アスリートの第1号が、協定締結の翌月、２０１７年（平成29年）11月に緊急来日したロンドンとリオデジャネイロ・パラリンピックの2大会連続で金メダルを獲得した女子卓球のケリー・ファン・ゾン選手だった。

同選手は、区スポーツセンターの「パラスポーツフェスタえどがわ」に参加して、トークショーやパラ卓球のデモンストレーション、参加者の卓球体験指導などを行った。

このフェスタは、区が独自に設定している毎年11月の「障害者スポーツ推進月間」に開催する体験型パラスポーツの総合イベント。この年が2回目で、「Ｇａｍｅ Ｃｈａｎｇｅｒプロジェクト」の締結を記念するキックオフ・イベントも兼ねる会になった。

２０１８年（平成30年）６月には、パラスポーツのコーチが来日。区内３会場で行われたさまざまなイベントで、理学療法士をめざす専門学校の学生や特別支援学校の教師や区のスポーツ推進委員（別項参照）などのボランティアを担う人たちに向けて、障害者スポーツの導入、指導などについて、豊富な経験を語り、伝えた。

２０１９年には、２月に前年の世界選手権で優勝したオランダ女子車いすバスケットボールチーム、通称「オレンジエンジェルス」の主力メンバー、マリスカ・バイエル選手とボー・クラーメル選手が訪れた。

両選手は、区立清新ふたば小学校と都立白鷺特別支援学校で、実際にボールを使って世界最強選手のスーパープレーを次つぎに披露。スピーチでは、「ポジティブマインド（前向きな心）」を持つことの重要性や、その「持ち方」などを熱心に説いた。

また、区のスポーツ推進委員や職員、ボランティア関係者などを対象とする講習会では、障害者にスポーツを提供、指導するための工夫などについて、実技を交えながら講義を行った。

両選手は、「障害があっても、少しの工夫でさまざまなスポーツができる」ことを強調した。指導者もそれを忘れず、障害者に伝え、ともに工夫をしながら前向きに取り組んでいくことの大切さを説いた。

同年7月に訪れた一行では、リオ２０１６パラリンピックの女子走り幅跳び銅メダリスト、マレーネ・ファン・ガンセウィンケル選手が区陸上競技場で東京メディカル・スポーツ専門学校の理学療法士科の学生40人を相手に特別授業を行った。

同選手は24歳の学生だが、自身の生い立ちやこれまでの道のりなどを語りながら、やはり、「ポジティブマインド」の重要性や障害者がスポーツをすることがいかに大事か、必要か、などを説いた後、フィールドで得意の短距離走を披露した。同選手は、メダルを取った走り幅跳びだけでなく、２０１８年欧州選手権で女子１００ｍと２００ｍの世界記録を更新している左足義足の世界トップのスプリンターだ。

競技用義足のバネを力強く踏み込む迫力ある走法とそのスピードは、学生たちに強い印象を残したはずだ。

オランダからの一行は陸上競技場の隣にある清新第二中学校の生徒との交流も行った。学校では、当日の給食を特別にオランダ料理にして食事もともにした。食事中、積極的に英語でコミュニケーションを取ろうとしていた生徒も少なくなかったという。

前向きに「Be Creative!（創造しよう！）」

その後、全校生徒が陸上競技場で競技用義足や車いすの使い方などを学び、視覚障害者が行うブラインドマラソン（第I部参照）を体験した。目隠しをして選手の立場になったり、走る方向を指示するリード役になったりしながら、実際に走ってみた。体験することによって、パラスポーツを身近に感じるとともに、パラ選手たちの「凄さ」を同時に体感する絶好の機会になった。

ガンセウィンケル選手は、その後、同競技場で開かれた「車いすアスリート陸上教室」にも参加した。車いすの児童らと一緒に走るなど、身をもってパラスポーツの魅力と可能性、一流選手のスピードを教えた。参加した児童らは、憧れのメダリストと100mを走り、手振り身振りの会話、交流を行い、その模様を伝える区の広報には、「一緒に走ってすごさを感じた。自分も将来パラリンピックに出場できるような選手になりたい」という女子生徒の感想も掲載されている。

最後に一行は総合体育館で、2019年から始まっている「オランダクラブ」の「知的障害者バスケットボールクラブ」に参加した。この後述べるように、これは障害のある人が定期的・継続的に活動できる場として、オランダにおける事例を参考に始まった事業で、一緒にドリブルやシュートの練習を行った。手にも障害のあるガンセウィンケル選手だが、実にスピーディにボールをさばき見事なシュートも決めた。世界トップのアスリートの多才ぶりはみなを驚かせ、交流事業が夜の9時までつづいた。

この一行には、オランダの著名なパラスポーツ・プログラムディレクターで国際パラリンピック委員会の理事も務めているリタ・ファン・ドリエルさんも加わっていた。ドリエルさんは、在日オランダ大使館における連携協定の締結のときにも来日し、講演などを行っていた。

この来日のときも、西葛西の東京メディカル・スポーツ専門学校で理学療法士科2年生を相手に特別講座を開き（6月29日）、オランダのパラスポーツの現状や教育内容についての説明と視覚障害などの体験学習や車いすスポーツ、パラ柔道など、いくつかのテーマでの討論や実地で競技を行いながらの検証、指導を行った。

また、ガンセウィンケル選手と2人で上智大学にも赴き、多くの学生を相手に「パラスポーツを通した共生社会」の講義を行った（ドリエルさんは在日中のこれらの活動を自らのツイッターで報告　https://twitter.com/rita_van_driel）。

このようにオランダから江戸川区を訪れたパラスポーツのトップ選手やコーチ、関係者は、区職員や障害者、パラアスリート、ボランティア、学生生徒など、さまざまな人と交流を重ね、スポーツだけでなく、文化や福祉など、オラングの進んだ取り組みなどについての説明や意見交換を行い、それを世界に向けて発信している。

区のホームページでは、一行は常に「Be Creative!（創造しよう！）」と強調していたと伝えている。そして「何かあった時に、出来ない理由ではなく、どうやったら出来るか（創造できるか）ということ。それをパラアスリートの姿を見て学んで欲しい。これがオランダ一行の願いなのです」と語っていたと報告している。

パラアスリートから学ぶところは多い。この「Be Creative!（創造しよう！）」の言葉は区の「オランダクラブ」のキャチコピーにもなっている。

データ＆メモ

江戸川区スポーツ推進委員

スポーツ推進委員は、スポーツ基本法に基づき設置された非常勤公務員（かつての「体育指導員」）。区民の健康・体力づくりを促進し、地域におけるスポーツ活動の振興のために指導、助言を行っている。また、地域まつりや学校行事に協力するなど地域振興のためにも活躍している。

オランダとの連携事業でも地域に障害者スポーツを普及させるためにさまざまな取り組みを行っている。障害者にパラスポーツを教え、指導するために、そのスポーツ団体から講師を呼んで学習、指導を受けることも少なくない。

委員同士の連絡、情報交換、研修、親睦の場として、江戸川区スポーツ推進委員会が設置されている。また、地域における活動を円滑にするために、小松川、中央、小岩、鹿骨、東部、葛西の地区部会も組織されている。

さらに「共生社会ホストタウン」にも登録

江戸川区はオランダとの「ホストタウン」交流事業が将来計画を含めて評価され、2019年5月、同国の「共生社会ホストタウン」に登録された。

これは、国（内閣官房東京オリンピック・パラリンピック推進本部事務局）が、「共生社会」の実現に向けて「ホストタウン」構想に加えて始めた取り組みだ。海外の障害者スポーツ選手（パラリンピアン）との交流によって「ユニバーサルデザインのまちづくり」と「心のバリアフリー」を進めて「共生社会」の実現を促進することが狙いの施策といえる。

この「共生社会ホストタウン」への登録と政府のバックアップによって地域主導の「共生社会」の取り組みを加速させ、合わせてパラリンピックの機運を盛り上げ、全国に波及させる、としている。また、パラリンピアン、障害のある選手たちと直《じか》に接する機会を増やすことで、日本がめざす「共生社会」の実現に向けて人びとが「気づき」を得て、意識を変えていくきっかけにする、などとも謳われている。

江戸川区は前述のようにオランダの「ホストタウン」として進めてきたさまざまな交流が認められ、全国375の「ホストタウン」自治体から、令和初、14番目の「共生社会ホストタウン」に登録された（都では世田谷区に次ぐ2区目）。

それはちょうど長年江戸川区政を率いてきた多田正見前区長から斉藤猛現区長にバトンタッチが行われた時期にあたる（2019年5月）。

就任直後の斉藤区長は、オリ・パラ大会に向けて区が発行している『2020だより』第21号（6月10日付）で、さっそく「共生社会ホストタウン」への登録を報告し、「今回の登録は、地域共生社会の実現に向けた取り組みをさらに前進させるよい機会となりました。地域が一つになって、子どもから熟年者まで障害の有無を問わず、誰もが安心して自分らしく暮らすことができる江戸川区を目指して参ります」と強調している。

なお、この「共生社会」実現のための「ユニバーサルデザインのまちづくり」とは、文化・言語・国籍や年齢・性別などの違い、障害の有無や能力差などにかかわらず、さまざまな人が気持ちよく使えるようにつくられた建築（設備）・製品・情報などの設計（ユニバーサルデザイン）による「まちづくり」のこと。バリア（障壁）に対処する「バリアフリーデザイン」より、さらに広い概念の、斉藤区長が強調する「誰もが安心して自分らしく暮らすことができる」まちづくりということになる。

そして、内外のパラリンピアンはじめさまざまな人とのスポーツを通じた交流、ふれ合いを進め、障害に対する理解を深めていくことで人びとの「心のバリア」を取り除いていく。これを推進、実現していくのが「共生社会ホストタウン」の交流事業といえる。

企業や学校とも連携、パラスポーツの力で「共生社会」を

区の「共生社会ホストタウン」の取り組みは、それまで行ってきたパラスポーツ先進国のオランダとの連携事業をさらに進め、障害者に対する理解を深めるとともに障害者の社会参加を促進することに力を注いでいる。社会参加にスポーツが大きな力になることは、パラリンピアンの話などからもよくわかる。

2019年（令和元年）8月28日、当時の鈴木俊一東京オリンピック・パラリンピック担当大臣が、この施策、事業を視察するために江戸川区を訪れた。その視察内容に沿いながら、区の「共生社会ホストタウン」の取り組みを紹介しておきたい。

鈴木担当相は、斉藤区長とともに、まず中央2丁目のトヨタモビリティ東京江戸川中央店（旧東京カローラDU：S江戸川店）を訪問。地域の高齢者や障害者が同店のショールームに併設されているコートで熱心にボッチャの練習をしている様子を視察した。

江戸川区は2018年4月、トヨタ東京カローラ株式会社（現トヨタモビリティ東京）と「パラスポーツ分野における連携強化の覚書」を締結している。そのときの記念イベント「ボッチャ交流体験会」が開かれたのも、このコートだった。その交流体験会ではリオ・パラリンピックのボッチャ団体で銀メダルを獲得した藤井友里子選手（富山ボッチャクラブ所属）などによるデモンストレーションも行われ、地域の人や区内の特別支援学校に通う生徒などが参加してボッチャを体験、一緒に楽しんだ（ボッチャや藤井選手については第I部参照）。

同店は、区との連携により、このコートをボッチャのトップ選手や地域の住民、障害者に開放し、パラスポーツの普及、振興を図っている。

視察した鈴木担当相は、参加者の競技ルールなどの説明を聞いた後、実際にボールを投げてゲームに加わるなどの交流を行った。

つづいて視覚障害者のダンスサークルのみなさんが社交ダンスを楽しんでいる様子を視察した後、区と連携してパラスポーツを題材にしたマンガを制作している西葛西5丁目の学校法人滋慶学園「東京コミュニケーションアート専門学校」（ＴＣＡ）を訪問し、作画の様子などを視察するとともに、学生たちとの懇談を行った。

江戸川区は、パラスポーツの魅力を広く伝え、障害者への理解を深める有効な手段としてマンガの制作をＴＣＡに依頼。それを受けて、オリ・パラ大会の成功に向けた地域貢献活動の一環として、同校のマンガ専攻の学生が取り組んで生まれたのがパラバドミントンを扱ったマンガ『蒼空《あおぞら》の彼方《かなた》へ』だった。２０１８年10月に発行された。

同書は、交通事故で片足を失った主人公が、パラバドミントンと出会い、困難を乗り越えながらやがてパラリンピックでも活躍する。パラバドによって自ら成長するだけでなく、それを通じて社会にも変革をもたらしていく――という物語だ。４４００部が発行され、区内の小中学校、公共施設、病院・薬局や銀行の待合スペースなどに配られた。手にされた方も少なくないのではないだろうか。

視察の日、懇談したのは、この『蒼空の彼方へ』の作画を担当した鳴海みわさん（ペンネーム）と提携2作目を担当している加藤とかさん（同）。いずれもマンガ専攻の3年生。約50名の学生のなかから選ばれた。
当時まだ制作中だった2作品目は『Ｏｒａｎｇｅ　Ｍｅｍｏｒｉｅｓ――オランダからの贈りもの――』で、オランダに留学した主人公が、「コーフボール」（別項参照）というオランダ発祥のスポーツによる人との交流を通じて多様な社会のあり方を学んでいく物語だ（同年10月刊行）。

コーフボールは障害者も老若男女も揃って楽しめる新しいスポーツとして、オランダから訪れた専門指導員が区でも指導をしている。

原作は、いずれも同校の講師（「一般小説・ライトノベル制作」「少女向け作品制作ゼミ」を担当）の小説家、ココロ直氏が担当している。

懇談会では、鳴海さんから、義足やパラバトミントンの世界を描くために義肢装具士（沖野敦郎氏）のもとに何度も取材に伺ったり、パラバトミントンの練習や試合を繰り返し見に行ったりしたことなどの説明もあった。

同書には制作協力者として、オスポ（オキノスポーツ義肢装具＝台東区三筋）と都立鹿本学園、都立白鷺特別支援学校の名が記載されている。

学生が描いたパラスポーツマンガ(上)とコーフボールを学び楽しむ区民(下＝江戸川区提供)

支援学校からは、パラスポーツ普及のために「マンガで伝えるのがわかりやすいのでは」という意見があり、区がパラスポーツマンガを企画するきっかけになったということが斉藤区長から紹介された。

やはり、さまざまな意見やアドバイス、協力があって、このような企画が成立し、わかりやすい本ができたといえる。

鈴木担当相も、斉藤区長も、本の内容を評価し、学生たちをねぎらい、激励していた（同校は3作目も制作）。

一行はその後、区内の「ユニバーサルデザインのまちづくり」の現場を視察した。まず、東京メトロ東西線・葛西駅の駅前広場で、車道と歩道の境界に段差をなくす江戸川方式の「ゼロ段差すりつけブロック」の工事などについて担当者から説明を受けた。また、新左近川親水公園カヌー場でも、バリアフリーの取り組みを視察した。

これらの視察を終えた鈴木担当相は、区の取り組みを評価して「東京2020大会のレガシーとして『共生社会』が定着していくことを望みます」と語り、斉藤区長が、これらの取り組みを引き続き進めていくことなどの決意表明を行った。

データ&メモ

オランダ発祥のコーフボール

コーフボールは20世紀初頭にオランダでバスケットボールをもとに生まれた男女混合のさまざまな人が一緒に楽しめるように考案された団体球技。「コーフ」はオランダ語で「バスケット（籠）」のこと。

そのルールには男女差や身長差などを含めて老若男女が楽しめる工夫がされている。

・男女混合（1チーム男女各4人の計8人）で対戦。

・バスケットボールより少し高い3・5m（バスケットは3・05）のプラスチックの円筒状のコーフ（籠）にボールを入れて得点を競う（ボールの直径22㎝＝公式球・バスケットボールの5号小学校用ミニサイズと同じ）。

・コーフはコート内のポール上に設置されているからシュートは360度どこからでも打てる（バックボードがなく後ろ側からも＝前掲写真参照）――得点はすべて1点。

・ドリブルは禁止。ボールを持ってから移動できるのは2歩まで（パス中心のゲーム展開になる）。

・男女各4人の同編成のチームが戦い、男女平等にプレーができるように異性へのディフェンス、マークは禁止。
・ボールを持ったプレイヤーは相手（ディフェンス側）が至近距離（腕1本分）にいるときにはシュートできない（離れるか、打てる選手にパスをする）
・保持しているボールへの接触は禁止（ボールを奪われることがなく接触事故が少ない）
日本コーフボール協会のホームページによると、現在ヨーロッパを中心に世界67カ国で屋内または屋外競技として普及。世界選手権やワールドゲームズ、アジア選手権、香港トーナメントなどの国際大会も行われている。公式試合は、前後半30分ずつ、ハーフタイム10分。日本では1991年に開かれた講習会が始まりで、同年、日本コーフボール協会設立。現在7都道府県で100名程の選手がプレーをしているという。

このコーフボールはパラリンピックの種目にはなっていないが、連携先のオランダはボッチャなどとともに障害者スポーツとしても力を入れており、専門指導員が江戸川区はじめ「ホストタウン」の足立区、西東京市を訪れ、特別支援学校などで競技方法などを指導。区のスポーツ推進委員会でも、日本コーフボール協会の竹崎雄一現会長や日本代表の真柴啓輔選手、安齋由紀選手を講師に招いて「コーフボール体験会」を開いたこともある。

発祥の地オランダにはプロリーグもある人気スポーツというだけでなく、さまざまな人が参加し楽しめるユニバーサルスポーツとしても普及の途上にあるようだ。いずれ、パラリンピック競技になっていくのかもしれない。

「オランダクラブ」や「コンシェルジュ」でも

区では、このようにパラスポーツ先進国オランダとの連携事業により、パラリンピアンとの交流などを進めると同時に、区内の企業や学校、施設などと連携するなど、地域をあげてパラスポーツの普及、振興を図っている。

「共生社会ホストタウン」を推進するための「ユニバーサルデザインのまちづくり」では、障害者団体や施設、ボランティア団体などとバリアフリーマップの改良や歩道と車道の段差をなくす「ゼロ段差すりつけブロック」の設置などを進めている。

これらの取り組みは、東京２０２０大会に向け、また、その後も「大会レガシー」として継続して進められる。連携プロジェクトを通してオランダの優れた仕組みや施策を学びながら進められている障害者スポーツ振興事業のうちの、これまで詳しくふれてこなかったものをいくつか列挙しておきたい。

区総合体育館にオランダクラブ

障害者が安定的・継続的にスポーツをできるようにするために前出の「オランダクラブ」を区総合体育館（松本1丁目）に立ち上げ、運営している。これは、障害者が健常者と同様にスポーツを楽しめる環境にあるオランダをモデルにした区主催の障害者向けスポーツ教室の総称で、2019年度に始まった。

このクラブでは、障害者を対象にした複数のスポーツ教室を定期的に実施することで、障害者が通いやすく、スポーツしやすい環境をつくっていこうと、「健康づくり、仲間づくり、生きがいづくりの場として、ぜひ参加を！」と呼び掛けている。

教室は以下のとおり。

・なかよし運動教室（対象、知的障害の小学生1～6年）
・ボッチャレベルアップ教室（小学生以上、障害の有無は問わない）
・スマイルエアロビクス（中学生以上の障害者）
・プール障害者専用レーン（1レーン、各自の自由遊泳）
・知的障害者バスケットボールクラブ（18歳以上、原則1人で通える人）

区内7スポーツ施設に「スポーツコンシェルジュ」

区では、障害者はじめ誰でもスポーツを楽しめるようにするために、また、それに向けた環境整備のために区内7ヵ所のスポーツ施設で、相談・コーディネート業務を行っている。名付けて「スポーツコンシェルジュ」。

障害者スポーツへの参加を促すために専門的な知識やスキルを持った職員を配置しているオランダの機関「SPORTS SERVICE POINT」を参考に採用した制度。

研修などによってスポーツ施設のスタッフの資質向上を図るとともに、区が独自に養成している「障がい者スポーツ指導員」（次項参照）を配置するとともに、区薬剤師会など外部機関との連携を図り、情報提供・コーディネート機能を強化している。この窓口ではオランダ同様に障害者が自分に合うスポーツを探せるようにしているが、江戸川区の場合は、さらに障害者以外の誰でもスポーツに関する相談をすることができる。

相談員は、希望する内容に応じた適切なスポーツ施設や教室、関係機関などを紹介する。外国人の相談にも応じられるように各窓口にタブレット端末を配置して、翻訳アプリを活用している。

この相談窓口のある区内スポーツ施設は以下の7カ所。▽スポーツセンター（西葛西4丁目）▽スポーツランド（東篠崎1丁目）▽総合体育館（松本1丁目）▽陸上競技場（清新町2丁目）▽江戸川区球場（西葛西7丁目）▽臨海球技場（臨海町1丁目）▽水辺のスポーツガーデン（東篠崎、旧江戸川河川敷内）。

障害者スポーツ支える「えどがわパラスポアンバサダー」

区では独自に「初級障がい者スポーツ指導員養成講習会」を開催し、この指導員の資格を取得した人を「えどがわパラスポアンバサダー」として認定している。

「初級障がい者スポーツ指導員」の資格自体は、（公財）日本障がい者スポーツ協会が定めたプログラムを受講した人が取得できる協会公認の資格で、活動実績を重ねて上級のプログラムを受講することで、より上の資格も取得できる。

すでに若者から熟年者まで多数の人がアンバサダーに認定されている（2019年4月時点で112名）。

アンバサダーは、区の障害者スポーツ振興事業やスポーツ施設で実施されている教室やイベントで活動をしている。区が事前に提供する事業の情報により、それぞれが参加できる範囲でボランティア活動を行う。2018年（平成30年）度は49回の事業、のべ332名が参加、活動したという。

区のホームページには、「障害児・者が運動する機会を自分が支えていることが、嬉しく、勉強にもなる」（60代・男性）、「事業に参加することで、障害者主体で必要なサポートを考えられるようになりました」（60代・女性）などのアンバサダーのコメントも紹介されている。

競技場のバリアフリー化や「夢基金」で支援

そのほかの区の取り組みには、

・東京62区市町村で唯一の障害者スポーツ専管組織の設置。

・スポーツセンター、陸上競技場等のバリアフリー化の工事実施。

・区内に専用トレーニング施設がある「パラバドミントン」を「わがまち競技」として体験会や大会応援ツアーを開催（第Ⅰ部参照）。

・えどがわスポーツライフプログラム――運動機会の少なくなりがちな知的障害のある成人を対象に、障害の度合いに応じたスポーツプログラム（比較的軽度の人にはバスケットボール教室、中度の人にはダンス教室、重度の人には軽運動教室）を実施。

また、パラアスリートを対象としたスポーツ活動支援策に、「スポーツ夢基金」事業がある。「夢基金」は第I部で説明しているように、国内外の大会で活躍している区民アスリートを支援する制度。パラリンピックなどをめざす障害を持つアスリートに対しても毎年、支援をしている。

「先導的共生社会ホストタウン」に認定される

江戸川区の「共生社会」実現に向けたこれらの取り組みが高く評価され、2019年（令和元年）10月、内閣官房オリンピック・パラリンピック競技大会事務局によって、「先導的共生社会ホストタウン」に認定された。同年5月から区が実施している「共生社会ホストタウン」の取り組みのうちの特に「ユニバーサルデザインの街づくり」と「心のバリアフリー」に向けた取り組みが、他の自治体に先駆けた先導的・先進的な取り組みと高く評価され、認定されたのだ。

パラ先進国のオランダとの連携によって進めてきたことが実を結び始め、「共生社会」づくりの先進区になりつつある。さらにパラスポーツにおいては名実ともに先進区になっているともいえる。

2020年1月29日、NHKが朝のニュース（首都圏ニュース）で、「東京パラリンピックをパラスポーツの普及につなげようと、東京・江戸川区が新年度から全国で初めて、パラリンピックで実施される22の競技すべてを区内でプレーできるよう環境を整備する方針を固めたことがわかりました」と報じた。

これまで述べてきたとおり区はさまざまにパラスポーツの普及、振興を図っている。それでもボッチャや車いすバスケットボール、車いすラグビー、ゴールボールなど、すべてのパラスポーツを障害者の誰でも挑戦、楽しむことができるようにするためには、施設や用具の整備がまだまだ必要だ。それを整え、パラリンピックの全22の競技を区内でできる環境を整えていこうとしている。

同ニュースは、「区内の体育館や民間のスポーツジムなどに練習場所を確保し、ゴールボールのゴールや車いすフェンシングで使う固定器具などのほか、馬術で使う馬も購入して競技環境を整えるということです」として、「日本障がい者スポーツ協会によりますと自治体が22競技すべての競技環境を整備するのは全国でも初めてとみられ、パラスポーツの普及につながるか注目されます」とまとめている。

パラスポーツ愛好者はすでに増えているが、パラリンピックによって、より多くの競技に興味、関心が持たれるはずだ。「おもしろそうだ」「自分にもできるんじゃないか」「やってみよう」という人のニーズに応える設備や環境を整える、大会後にしっかり目を向けた取り組みと評価していいだろう。

都内自治体初の「手話言語条例」や「パラスポーツ交流」

「共生社会」の実現に向けて、「ユニバーサルデザインのまちづくり」などと合わせて進めていかなければならないのが「心のバリアフリー」だ。これまで述べてきたように、オランダのパラアスリートや指導者などとのさまざまな交流によって、「障害」や「障害者」「パラスポーツ」への理解を深め、進めることで、それを実現していこうとしている。

パラスポーツ先進国の制度や選手、コーチの生き方、考え方などを知ることは、多くの区民には新鮮で、理解を深める大きな手助けになっているようだ。

さらに老若男女、障害のある人もない人も、誰もが参加できる「ユニバーサルスポーツ」として実施されているパラスポーツの「ボッチャ」や前述のオランダ発祥の「コーフボール」などの体験会、講習会に参加し、さまざまな人とのふれあい、交流による相互理解を深めることなども期待されている。

このようなパラスポーツ啓発事業や体験教室などはすでに数多く実施されている。オリ・パラ大会後も引き続き行っていって、人びとの交流をさらに進め、いわば「パラスポーツ交流」「ユニバーサルスポーツ交流」によって「バリアフリー」を実現していく。

もうひとつ、「心のバリアフリー」に向けた区の取り組みとしてふれておきたいのは、都内のすべての自治体に先駆けて『手話言語条例』を2018年3月に制定（同年4月施行）していること。

同条例は、手話を「言語」として認め、日常的に使える社会をめざすものだ。江戸川区の条例では、聴覚障害者らが手話で円滑に意思疎通を図る権利を尊重すると同時に、区内の事業者に対して、手話を必要とする人が利用しやすいサービスの提供や働きやすい職場環境の整備に努めるように促してもいる。

ろう者とろう者以外の人が「共生」できる社会をめざすもので、手話を「言語」と認めることで、やはり聴覚障害に対する人びとの理解が進み、防災や医療の分野などでも手話による情報提供が充実することなどの効果も期待されている。

また、江戸川区では、障害の有無を問わず、誰もが集える拠点「なごみの家」の整備などにも取り組んでいる。

心のバリアフリーでは、子どもたちの教育や障害のある人のスポーツなどを通しての社会進出、それに就労機会の創出なども重要な課題だ。

このようなさまざまな区の取り組みも、「オリンピック精神」と同じで、多くの区民がそれらに参加すること。それによって斉藤区長も言う「誰もが安心して自分らしく暮らせるまち」の実現をめざすことができる、といえるだろう。

第Ⅲ部

参加、盛り上げ、交流

1 より広く、深く、記憶にも留め

誰もがすでに「参加」している！

東京大会では、何度も確認しているように、「大会レガシー」が盛んに叫ばれているが、オリンピックではまず何よりも「参加することに意義がある」が強調されてきた。「近代オリンピックの父」とされるピエール・ド・クーベルタン男爵がオリンピックの理想として唱えた「重要なことは、勝つことではなく参加することである」の言葉による。彼は「人生にとって大切なことは成功することではなく努力すること」との趣旨のスピーチのなかで、この言葉を使い、オリンピックに不可欠の名句として定着してきた。

この言葉の前提にあるのは、「スポーツを通して心身を向上させ、さらに文化・国籍などさまざまな差異を超え、友情、連帯感、フェアプレーの精神をもって理解し合うことで、平和でよりよい世界の実現に貢献する」という「オリンピックのあるべき姿（オリンピズム）」とされる。単なるスポーツ大会、競技会ではない。だからこそ、「参加」に大きな意義があるというのだ。

もちろん、この「参加」は主として国や選手に対して用いられるが、「世紀の祭典」といわれる大イベント、その開催国ともなれば、「参加」するのは選手や競技団体に限らない。大会運営の関係者や、それらの活動を支える多くの人、ボランティア、さらには観戦、応援をする人に加え、それらの人びとを内外から迎えるまちの人びとの協力や参加もまた不可欠だ。もっといえば国民、納税者すべての協力、参加なくして大会を成功に導くことはできない。莫大な予算を使う大イベントになっているのだから、これは当然のことだと思う。

私たちは、特別に意識をしていなくても、すでにさまざまな形で東京オリンピック・パラリンピック大会に関わり、参加し、協力をしている。「都市鉱山からつくる！みんなのメダルプロジェクト」や「使用済みプラスチックで表彰台を製作」などの取り組みも、そのひとつだ。リサイクルに参加、協力してメダルや表彰台の素材を提供している。

また、大会のマスコットは、公募、選考された最終候補作品から全国の小学校がクラス単位で投票して決定したものだ。これはオリ・パラ大会の歴史上、初めてのことだという。多数の小学生が参加して選んだマスコットが、大会の顔、シンボルとして、大会機運の盛り上げに一役買っている。

人によって程度の差はあるが、このように早い段階から何らかの形で参加、協力している。この関係は、大会まで、さらに大会後もつづく。

この点を意識し、東京2020大会の「参加者」として大会の準備、盛り上げイベント、さらに「大会レガシーづくり」などを見ていくと、その見方や取り組み姿勢などが変わってくるところもあるのではないだろうか。

大会の運営や準備そのものは、開催都市の東京都と日本オリンピック委員会（JOC）が共同で設立した東京オリンピック・パラリンピック競技大会組織委員会中心に進められている。組織委員会は当初から、「国民総参加による『夢と希望を分かち合う大会』の実現」と謳い、「フラッグツアー」から「ボランティア募集」「チケット販売」「聖火リレー」など、大会開催にいたるさまざまな取り組みを行っている。

国なども、内閣府が「大会は、競技が開催される地方公共団体だけの祭典ではない。大会を国民総参加による日本全体の祭典とし、北海道から沖縄まで、全国津々浦々にその効果を行き渡らせ、地域活性化につなげる」として、「国民総参加」を強調している。第Ⅱ部で見た「ホストタウン」構想を全国で推進しているのも、そのひとつといえる。

江戸川区でも、東京2020大会のカヌー・スラローム競技が区内で実施されることが決まってから、競技が開催される区として、また、組織委員会や国、都が進める大会準備や機運の盛り上げに協力、連携して、さまざまな取り組みを進めている。すでに見てきたオランダとの連携事業「共生社会ホストタウン」などもそのひとつだ。

大会準備や機運の盛り上げイベントは、区民のより積極的なオリンピック・パラリンピックへの参加の呼び掛けでもある。その参加、協力によって大会を成功させるとともに、この経験が大会のポジティブ・レガシーにつながっていくことも期待されている。

データ&メモ

「都市鉱山によるメダル」や「廃プラ表彰台」

「東京2020大会は日本人全員のもの、国民全員が参加できるプロジェクト」として進められたのが「都市鉱山からつくる！みんなのメダルプロジェクト」。使わなくなった携帯電話、スマートフォンやパソコンなどの小型家電をリサイクルして、選手に授与されるメダルに生まれ変わらせる。日本の優れた技術で実現するオリ・パラ史上初のメダルということになる。

江戸川区役所でも回収ボックスを設置するなど協力。多くの区民もそれぞれの方法で参加

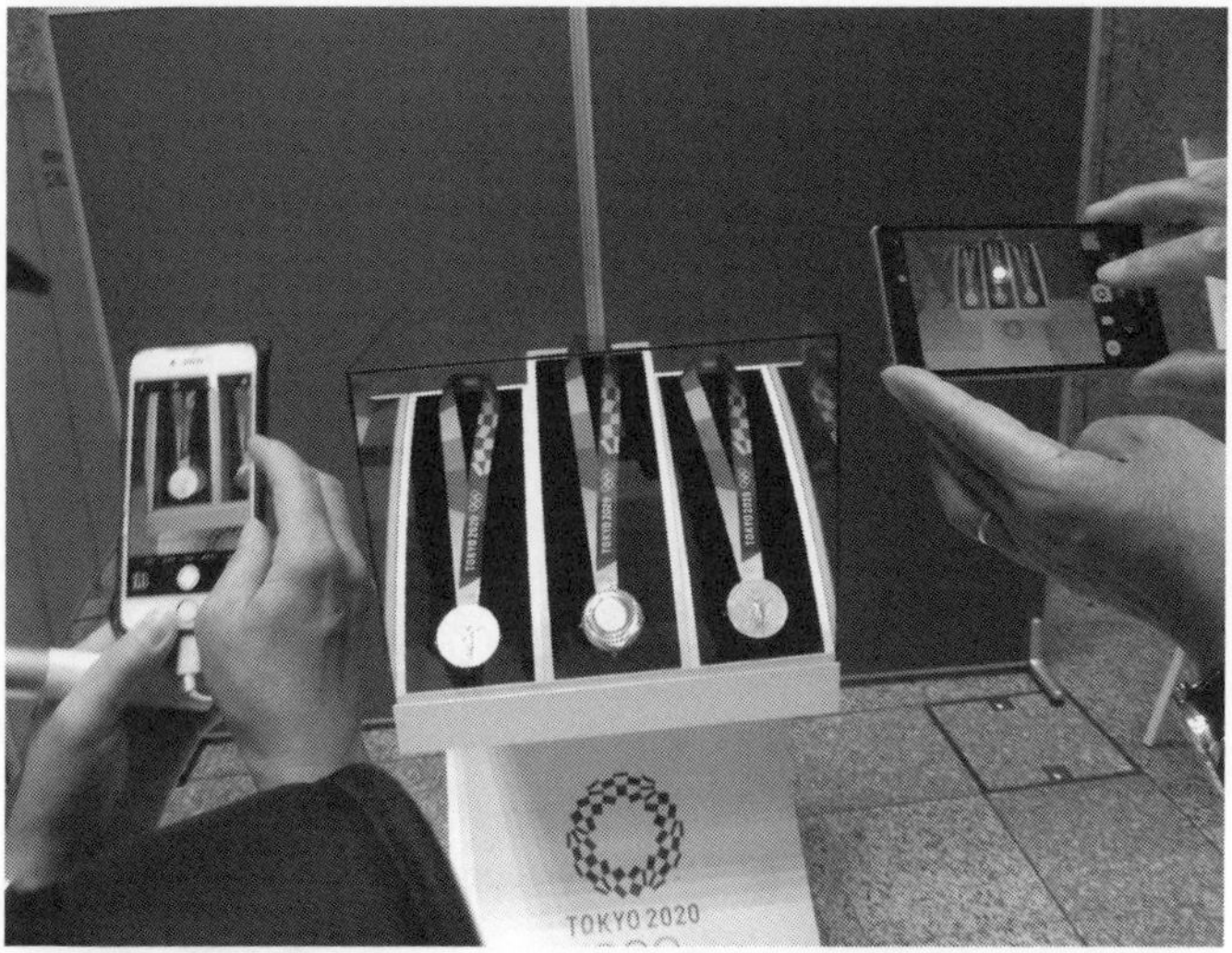

みんなが参加、協力してできたメダルが公開されると都庁には毎日長蛇の列ができ、競って写真撮影を（上）大会前にカヌーではさまざまな機運盛り上げ（下＝右端が斉藤江戸川区長＝第II部参照）

した。

提供した材料で作られたメダルが、健闘した世界の選手の首にかけられる。大会後も記憶に残しておきたい光景のひとつになるだろう。

東京２０２０組織委員会によると、２０１７年4月に協力を呼び掛け、２０１９年7月までに１６２１の自治体などが協力、回収した小型家電など約８万トン。大会スポンサーのNTTドコモは６２１万台の携帯電話を回収し、合わせてオリ・パラ大会で授与される約５０００個分のメダルの素材（金32kg、銀３５００kg、銅２２００kg）を確保したという。メダルの見本は２０１９年８月に都庁などで公開され多くの人を集めた。

廃棄プラスチックによる表彰台は、組織委員会が米家庭用品大手のP&G（プロクター・アンド・ギャンブル）社と契約。同社製に限らずヘアケア製品などのプラスチックボトルなどを対象に全国のイオングループ約２０００店舗で回収。約45tのプラスチック素材から約１００セットの表彰台をつくっているが、P&G社が回収・確保している海洋プラスチックも一部使用して海洋プラスチックごみ問題の啓発にもつなげたいという。

表彰台は大会後も、各種スポーツ大会の表彰式や学校などの教材に活用されるという。

フラッグツアーでメダル候補と一緒に盛り上げ

大会に向けて都と東京2020組織委員会、JOC（日本オリンピック委員会）、JPC（日本障がい者スポーツ協会）の4者主催で最初に行った大きなイベントは「東京2020オリンピック・パラリンピックフラッグツアー」だった。大会を象徴するフラッグ（五輪旗・パラリンピック旗）を全国に披露するツアーで、都民や国民の一体感の創出、機運盛り上げなどを狙って行われた。

このツアーのスタート、キックオフ・イベントが2016年（平成28年）10月、東京の小笠原村（8日）と奥多摩町（9日）で行われた。それぞれにフラッグの到着を祝うセレモニーを開き、歓迎して集まった多くの村民や町民の前で、オリンピック・パラリンピックフラッグが地元に渡され、披露された。

このフラッグが都内62区市町村を回り、各地で歓迎セレモニーが開かれ、展示、披露されてきた（2019年3月まで全国をツアー）。

江戸川区にこのフラッグがやって来たのは、翌2017年（平成29年）3月18日。タワーホール船堀で約1500人の区民が迎えた。

フラッグを掲げて登壇したのは、フラッグツアーアンバサダー役のオリンピアンの大山加奈さん（バレーボール・アテネ２００４大会出場）とパラリンピアンの田口亜希さん（射撃・アテネ・北京・ロンドン大会出場）。

大山さんからは、闘病前の大活躍中だった池江璃花子さんにオリンピックフラッグ、田口さんからは同年の区の成人式代表、道見優奈さんにパラリンピックフラッグが渡された。

アンバサダーの大山さんは、よく知られているように江戸川区出身の元全日本女子バレーボールの花形選手。成徳学園高校（現・下北沢成徳高校）や東レアローズで、力強いスパイクを武器に日本を代表するプレーヤーとして活躍した。現役引退後、日本バレーボール協会の広報委員。キッズコーディネーショントレーナーの資格を取得して、全国で講演活動やバレーボール教室に精力的に取り組んでいる。

その大山さんは、あいさつの中で、「アテネ２００４大会では、たくさんの応援をありがとうございました。みなさんの応援は、選手にとってすごく力になります」と、自ら出場したオリンピックでの区民の応援に感謝しながら、「東京２０２０大会では、みなさんの観る、支える、応援するという方法で大会を盛り上げていきましょう！」と呼び掛けた。

パラリンピアンの田口さん（大阪出身）は、大学卒業後、郵船クルーズに入社。客船のパーサーとして勤務していたが、25歳のときに脊髄の血管の病気を発症して車いす生活になったという。退院後、ビームライフル、さらにライフルに取り組み始め、やがてそのトップ選手になってパラリンピックに3大会連続で出場し、アテネで7位、北京で8位に入賞した。その後も会社勤めをしながら競技生活をつづけ、今回の東京2020大会を含め2度にわたる五輪の招致活動で日本のプレゼンターとして活躍した。組織委員会ではアスリート委員を務め、全国でパラスポーツの普及や講演活動などを熱心に行っている。

大きな拍手の渦のなかで進められた感動的なセレモニーの後、区主催のアスリートによるクロストークショーが開かれた。出席したのは、現役選手でもあるアンバサダーの田口さん、五輪旗を受け取った池江さん、それに第I部でも紹介している区ゆかりの中村嘉代選手(パラ陸上短距離)、西村碧莉《あおり》選手(スケートボード)、東島星夜選手(テコンドー)に大島祐哉選手(卓球)。それぞれが東京大会に向けての意気込みを語り、クロストークは盛り上がった。

卓球の大島選手(京都府出身)は当時、株式会社ファースト(本社・江戸川区)の所属選手だった。その後、木下グループと所属契約を結び、日本の卓球リーグTリーグ(2018年開幕)に参戦。やはり木下グループ所属のトップ選手、張本智和選手と同一チーム内でしのぎを削り、2019年1月の全日本選手権のシングルス準決勝で、2連覇をめざした張本選手を先輩の意地を見せて破り、マスコミでも大きな話題になった（決勝では同じ所属の水谷隼選手に敗れた。東京大会は張本・水谷選手らが代表になり、大島選手は代表入りできなかった）。

地元ゆかりのアスリートのトークショーだったが、カヌー・スラロームが区で行われることから、リオの銅メダリスト、羽根田卓也選手がビデオでトークに参加した。

そのツアーでオリンピック・パラリンピックフラッグは、タワーホール船堀の1階ロビーに1週間展示され、区民に披露された。

1000日カウントダウン・イベントから

フラッグツアーにつづいて実施された区の大きなイベントは、同年（平成29年）10月28日、区立清新ふたば小学校での「オリンピック1000日カウントダウン」。多くの展示やデモンストレーションなどとともに、メイン会場の体育館で「アスリートから学ぶ　夢の見つけ方夢のかなえ方」と題した区ゆかりの若手アスリートによるトークショー（午前）。つづいて江戸川区ならではの文化プログラムステージ公演（午後）で会場を沸かせた。

トークショーの出演者の多くは、東京の次のパリ大会以降を狙える若い年代の選手たち。観客には小学生や中学生が多かったから、年齢の近いアスリートによる身近な楽しいトークになったといえる。

同じ区内にオリンピックをめざして切磋琢磨している多くのアスリートがいることに刺激を受けて、自分もスポーツに限らず何か得意とする分野で研鑽して成長していこうとする。このような若者が多く出てくればいい。それもオリ・パラの大会の盛り上げイベントなどに参加する意義のひとつといえる。

トークショーに参加したアスリートは以下のとおり（カッコ内は当時）。
・木村美保選手（大学1年・アーチェリー・2016年いわて国体優勝）
・川口大夢選手（高校3年・ボクシング・2017年インターハイ　ベスト16）
・田川永和選手（中学1年・走高跳、走幅跳・東京ジュニア陸上競技大会男子C走幅跳3位）
・森田涼太選手（大学2年・カヌー・スラローム・U‐23日本代表）
森田選手は松戸市出身の選手。松戸市カヌー協会理事から江戸川区カヌー協会の初代会長になった鹿野由喜夫氏（第Ⅱ部参照）の愛弟子の若手有望選手だ。

ほかに、第Ⅰ部でも紹介している中川大誠選手（大学1年・ボート・全日本軽量級選手権男子軽量級ダブルスカル優勝）や西村碧莉選手、それに高橋和奏選手（中学3年・陸上4種競技・全中陸上4種競技4位）がビデオ出演した。

高橋選手が全国4位に入った陸上4種競技は、2004年（平成16年）から行われている中学生の混成種目。男子が110mハードル、砲丸投、走高跳び、400m走、女子が100mハードル、砲丸投、走高跳び、200m走。その記録を得点に換算して合計得点で競う。

未来を担う子どもたちも大会盛り上げ

この1000日カウントダウン・イベントでは、「みんなで盛り上げてオリンピックを楽しもう！」との文化プログラムで、葛西の「おしゃらく」や共育プラザで活動している高校生チーム「grandsande」によるダンス、葛西ジュニアチアリーディング・チーム「FLAPPERS（フラッパーズ）」のチアリーディングなどがステージを盛り上げた。

「おしゃらく」は、筆者の前著『されど未来へ』（イースト・プレス刊）のなかの「江戸川区の文化を支える人々」で対談をした藤本秀康さんが保存会を立ち上げて復活させた葛西に伝わるお洒落《しゃれ》な郷土芸能（踊り）だ。

チアリーディング・チームの「フラッパーズ」は、このイベントだけでなく、フラッグツアーでも、その後のさまざまなイベントにも出演。2019年4月の新左近川親水公園のカヌー場開きの式典でも、オープニングを飾って喝采を浴びた。一連の取り組みに参加して大会機運を盛り上げている未来を担う小さな子どもたちのチームだ。チアリーディングの全国大会の優勝実績もある。幼稚園児から中学生がメンバーで、葛西中心に活動しているという。

大会ではまた、「みんなで踊ろう！東京五輪音頭2020」が、鈴波流舞踊研究所と区太鼓連盟の協力で実施された。

「東京五輪音頭」といえば、前回の東京1964大会では、三波春夫さんが歌う音頭が大ヒットした。その後、盆踊りなどでも長く踊りつづけられている。これも前回大会の「レガシー」のひとつといえるのだろうが、そのリメイク版の「東京五輪音頭2020」を、来場者も輪に加わって踊った。

イベント当日は、あいにくの小雨だったが、約500人が来場。校舎内の会場には区がホストタウンのオランダと区の名所紹介コーナーが設けられ、風車を背に色とりどりのチューリップが咲き誇る、オランダの田園風景の写真などが展示され、ホストタウン登録を記念して参加者にチューリップの球根が配布された。それらを行ったのは公益財団法人えどがわ環境財団。同財団は、江戸川区とオランダには「花のまち」として多くの共通点があることを強調する展示を行っていた。

東京２０２０参画プログラムとして

前出のフラッグツアーがスタートした２０１６年（平成28年）10月から、全国各地でさまざまなオリンピック・パラリンピック関連のイベントが開かれるようになった。

大会を主導する東京２０２０組織委員会も、東京大会を一過性のイベントには終わらせないで、できるだけ多くの人が参画して、あらゆる分野で「今度のオリンピック・パラリンピックがきっかけで社会が変わった」といわれるようにしようと、大会機運の醸成と未来に向けた「大会レガシー創出」に向けた事業を推奨。それを受けて全国の自治体などが、組織委員会の認証を受けてさまざまな取り組みを行っている。

それが「東京２０２０参画プログラム」だ。江戸川区でも、その認証を受けて、大会に向けたイベント、あるいは関連したさまざまな事業を行っている。

認証を受けたイベント、事業には「参画プログラム」であることを示すオリンピック・パラリンピックのマーク入りの「公認マーク」などを付けることができる。すでに何度も目にされているのではないだろうか。マークには2種類あり、地方自治体や大会スポンサーなどに認められる「公認マーク」のほかに町会や自治会、ＮＰＯ法人などの各種非営利団体のための「応援マーク」がある。

このプログラムに参加できるのは、スポーツだけでなく、文化芸術や地域での世代を越えた活動、被災地への支援などの大会ビジョンのもとで未来につなぐプログラムとされている。テーマは幅広く8分野。「スポーツ・健康」をはじめ「街づくり」「持続可能性」「文化」「経済テクノロジー（日本の最先端の技術を発信）」「教育」「復興」「オールジャパン 世界への発信」となっている。

その目的も、「持続可能性」なら「持続可能な低炭素都市の実現」「水・緑・生物多様性に配慮した快適な都市環境の実現」など。「オールジャパン 世界への発信」は「全国の人びとが、日本の魅力、地域の魅力を発信し、世界とのつながりを強化」「様々な連携のあり方を、アクションを通じて構築」などとされている。

江戸川区でもプログラムの趣旨に沿うものは積極的に認証を受けて実施している。前出の清新ふたば小学校で行われた「1000日カウントダウン」イベントも認証を受けて実施された（「教育」テーマのプログラムとして）。

レガシー提唱者、パラスポーツのレジェンドが訴えたこと

区が実施した「参画プログラム」に、２０１７年（平成29年）７月に総合文化センターで開いた講演会がある。大会に向けた機運の醸成と、区民一人ひとりに何ができるかを知ろう、との目的の「みんなで創ろう　江戸川区のオリンピック・パラリンピックレガシー」と題した講演会だった。

第Ⅰ部が、早稲田大学スポーツ科学学術院の間野義之教授による基調講演「オリンピック・レガシー（よい遺産）とは何か」。第２部は、パラアスリートの土田和歌子選手（日本人初の夏冬パラリンピック金メダリスト）の特別講演「今を受け入れ、今を越える～出会い、そして挑戦～」。

第１部の間野教授は、東京２０２０大会決定（２０１３年９月）直後の同年12月、「オリンピック後に残されなければいけない遺産とは？　２０２０年以降の東京をよりよい都市にするための緊急提言！」として、『オリンピック・レガシー――２０２０年東京をこう変える！』（ポプラ社刊）を上梓するなど早くから大会レガシーの研究、提唱を行っている。講演でもＩＯＣが近年最も力を入れているテーマとして、その内容を解説。区が取り組み始めていた「レ

ガシーづくり」（第Ⅱ部参照）を後押しするものにもなった。

間野教授はスポーツ庁・経済産業省のスポーツ未来開拓会議座長などの数多くの役職も務め、江戸川区でも前述の「スポーツ夢基金」の運用認定委員会の委員。その後（2019年）、『オリンピック・レガシーが生んだカーリングの町・軽井沢』という冬季オリンピックのレガシーに関する著書も出している。

もうひとりの講師、土田選手は、第Ⅰ部でも紹介しているパラスポーツ界のレジェンド。冬季パラリンピックで金メダリストになったが、陸上競技に転じて夏季大会でも金メダルを獲得している唯一無二のアスリートだ。

講演会には10代、20代をはじめ幅広い年齢層の人が参加。区の広報は、終了後のアンケートで、間野教授の基調講演によって「レガシーへの理解が深まった」、土田選手の話には「深い感銘を受けた」などのコメントが寄せられたと報告している。

大会に向けて『2020だより』を創刊

この2017年（平成29年）10月、区は東京大会に向けた広報誌『2020だより』（月刊）を創刊している。

東京２０２０組織委員会でも前年６月に「オフィシャル通信」として『２０２０たより』を創刊した（季刊＝年４回発行）。その江戸川区版といえる。当時の多田区長は創刊号で次のように述べている。

「大会の成功はもちろん、大会開催を契機に、本区のさらなる発展という『レガシー』実現のためには、多くの区民の皆様の積極的な参画が不可欠です。この『２０２０だより』を通して区民の皆様に、江戸川区の様々な取組みをご紹介してまいります。世界最大の祭典が身近な場所で開催されることを好機と捉え、本区が誇る『地域力』を結集し、江戸川区ならではの『おもてなし』で大会を成功に導いていただきたいと思います」

区の『２０２０だより』は、手作り感の強い月刊の通信だ。オリ・パラ関係の情報をより身近なものとして区民に届ける役割を担い、区役所はじめ区の施設やイベント会場などで配布されている。

東京大会に向けた区の広報は、広報紙『えどがわ』やホームページなどでさまざまに行われているが、この『２０２０だより』も、幅広い区民にきめ細かに情報を伝達して参加を呼びかける役割を担っているといえる。

重要な参加者＝ボランティアのシンポジウム

２０１８年（平成30年）も東京２０２０大会に向けて「江戸川区から盛り上がろう！」と、さまざまなイベントが行われたが、主な参画プログラムに3月の「東京２０２０大会に向けたボランティアシンポジウムin江戸川区」（タワーホール船堀）がある。

リオデジャネイロ２０１６大会にボランティアとして参加したＮＰＯ法人日本スポーツボランティアネットワーク（ＪＳＶＮ・別項参照）の竹澤正剛《まさよし》さんと東京外国語大学の学生（当時＝語学ボランティアで参加）の池田康太さんから、スポーツボランティアの役割やボランティア体験などを、そして現役のカヌー選手の竹下百合子さん（第Ⅱ部など参照）から、江戸川区で開催されるカヌー・スラローム競技の魅力やスポーツボランティアなどについて語ってもらった。

筆者も長年にわたりボランティア活動・組織に携わっている（区福祉ボランティア団体協議会会長、公益財団法人えどがわボランティアセンター理事長など）。ボランティア活動は、さまざまな分野でますます大きな役割を果たすようになっている。江戸川区も「ボランティア立区」を宣言して、ボランティアを奨励し、サポートもしている。

スポーツの世界でも同じだ。マラソンなどの大きなスポーツイベントの運営や競技参加者を支える「スポーツボランティア」の存在が広く知られるようになり、スポーツイベントでも、その活動が不可欠になっている。

カヌー・スラロームセンターも大会後、長く維持・運営されていくためにはボランティアが大きな役割を担っていくはずだ。

その前に、まず東京大会を成功させるためにもスポーツボランティアの役割が大きい。シンポジウムでは、その後（2018年9月から）募集が行われた東京大会の「大会ボランティア」と「都市ボランティア」の概要や募集要項などの説明が行われた（同ボランティアには定員をはるかに超える大勢の人が応募した）。

シンポジウムで自らのボランティア経験を披露したスポーツボランティア・コーディネーターの竹澤さんは、会社員をしながらスポーツに関わることができる活動として東京マラソンの第1回から連続してボランティアに参加。そこからボランティア組織の運営にも携わるようになり、2019年のラグビーW杯などの各種スポーツイベントの運営ボランティアとして活動しているという。

データ&メモ

日本スポーツボランティアネットワーク

日本スポーツボランティアネットワークは、全国で活動するスポーツボランティア団体間のネットワークを構築し、ボランティアに関する情報の共有や協働事業を推進するために2012年（平成24年）に設立されたNPO法人（本部・東京都港区赤坂、日本財団ビル）。

その活動は、ボランティアの紹介や受け入れ体制の助言を行うコーディネート事業やスポーツボランティアの養成事業、ボランティアについての啓発事業などを行っている。また、ボランティアを学び、参加、申し込みをするためのポータルサイト「スポボラ.net」（https://spovol.net/）の運営・管理も行っている。

理事長は、笹川スポーツ財団の渡邉一利理事長が務めている。

ボランティアでオリンピック・パラリンピックに参加を！

江戸川区ではさらに同年（2018年）11月、ボランティア参加を呼び掛けるパネルディスカッション「ボランティアの魅力とやりがいを学ぼう～東京2020大会に向けて～」をタワーホール船堀で開いた。
都と東京2020組織委員会からの「大会ボランティア」と「都市ボランティア」の説明の後、それぞれに異なるボランティアに取り組んでいるゲストによるパネルディスカッションが行われた。そのパネリストは、次の3氏。
グリズデイル・バリージョシュアさん（特別養護老人ホーム「アゼリー江戸川」職員）
西川千春さん（大会ボランティア経験者）
土屋佳奈さん（東京都観光ボランティア）
それぞれのボランティア体験や東京大会のボランティアに向けての心構えなど語った。
バリージョシュアさんは、カナダ・トロント市出身。区内の社会福祉法人でホームページの管理をしながら、障害のある外国人にも安心して日本に来てもらいたいと、日本観光に役立つバリアフリー情報を英語で発信するオリジナルのウェブサイトを運営している。日本を旅行する際に実際に役に立つ情報にするために、自ら障害者の視点から調査、確認をして発信しているという。
生後半年のころに出た高熱が原因とみられる障害が手足に残り、4歳から車いすの生活になったバリージョシュアさんは、高校時代に訪れて親切な応対を受けた日本に「住みたい」との思いが募り、2007年、26歳で来日したという。2016年に日本国籍取得。2017年には、その活動が「日本の観光情報の発信に留まらず、障害者を勇気づけ、その可能性を大きく広げる」と高く評価され、「シチズン・オブ・ザ・イヤー」(シチズン賞)を受賞した。

その情報を見て、日本に行ってみようと思ったとか来日できるようになったという外国人障害者が少なくないという。バリージョシュアさんは、さらに東京大会に向けて、もっと広く深く日本のバリアフリー情報を世界に発信していくと語った。

西川さん(東京都出身)は経営コンサルタント(2019年には明治大学経営学部・法政大学経済学部講師に就任)。日本企業の駐在員として渡英。イギリスで何社か勤務の後、独立したという。在英20数年の間にボランティア活動に励み、ロンドン2012大会では卓球、柔道などの会場の通訳チームのリーダーとして活躍。以後、2014年のソチ冬季大会、2016年のリオデジャネイロと3大会にボランティアとして参加したという。

『東京オリンピックのボランティアになりたい人が読む本』(イカロス出版刊)の著者でもある。同著でも強調しているが、ボランティアによってオリンピック・パラリンピックに参加する楽しさ、そしてその方法などを語った。

土屋さん(東京都出身)は、「東京都観光ボランティア」(別項参照)として活動している。

都内の繁華街で外国人観光客などに「街なか観光案内」を行っているボランティアだ。語学力を生かして、困っている様子の人に積極的に声を掛けたり、相談に乗ったりしている。その現場の活動状況などを語った。

土屋さんはベテランのボランティア、リーダーとして、観光ボランティアの新規登録者の研修会の講師なども務めているという。

三者三様に、ボランティアの意義や影響力、やりがい、素晴らしさなどを語り、東京大会に向け、区民の参加を呼び掛けた。シンポジウムには約130人が参加。その後、募集が行われた「大会ボランティア」への応募、参加に役立つシンポジウムとなったはずだ。

データ&メモ

日本を旅する際のバリアフリー情報

グリズデイル・バリージョシュアさんが2015年から運営しているウェブサイトが「ACCESSIBLE JAPAN」（https://www.accessible-japan.com/）

主に、東京の観光地へのアクセス方法やスロープの有無、多機能トイレの場所などの情報を掲載。海外の障害者にとって貴重な情報源になっている。

バリージョシュアさんが受賞したシチズン・オブ・ザ・イヤーは、シチズン時計が1990年に創設した「市民社会に感動を与えた人々を選び、毎年その行動や活動などを讃える」賞。受賞理由に、「自力でサイトを運営するその行動力に感動する」「このサイトは単なる旅行ガイドに留まらず、障がい者を勇気づけ、その可能性を大きく広げる力を持っている。このサイトの重要性は今後もっと高まるだろう。日本の良さを、障がい者の視点から発信してくれることにも感謝したい」と記されている。

データ&メモ

観光ボランティアとオリ・パラ大会ボランティア

東京都観光ボランティアは、都が、外国語の言語別に募集・登録を行っているボランティア。この活動を通じて、外国人旅行者に東京の魅力を紹介、「おもてなしの心」を伝えていくとしている。

活動内容には、前出の土屋さんが行っている「街なか観光案内（英語等）」をはじめ「都庁・展望室案内ガイドサービス（英・中・韓）」「派遣ボランティア（英語等）」「観光ガイドサービス（7ヵ国語）」の4種類がある。

「街なか観光案内」は、外国人旅行者が多い地域（新宿、銀座、浅草、渋谷、上野、臨海副都心、東京駅周辺・日本橋、秋葉原）の街角で、外国人旅行者に積極的に声を掛け、外国語で困りごとの解決や観光案内などを行う。活動日は、金・土・日曜日の午前10時30分～午後4時30分。ボランティア登録して最初に担当するのが原則としてこの活動となる。

ほかの「派遣ボランティア」は、国や地方公共団体などのイベント、国際会議等でインフォメーション活動などを行うもの。「観光ガイドサービス」は、外国人旅行者からのニーズが高い都内の観光資源を巡る都内13ルートの観光案内を行う。

これらのボランティアガイドの始まりは2002年のFIFAワールドカップサッカー日韓大会。さらに2015年（平成27年）に東京2020大会を見据え、新しい取り組みとして「街なか観光案内」を加え、「おもてなし東京」との愛称で制服も用意して現在の形で活動するようになった。都では毎年登録者を増やし、2020大会は3000人態勢で臨むとしている。

一方、組織委員会による東京2020大会のためのボランティアは以下のとおり（募集・選考は2018年～2019年。2020年は各種研修と本大会）。

「大会ボランティア」（競技会場や選手村などの大会関連施設等で観客サービスや競技運営

のサポート、メディアのサポートなど大会運営に直接携わる活動を行う）…8万人。

「都市ボランティア」（空港、都内主要駅、観光地、競技会場の最寄駅周辺及びライブサイトにおける観光・交通案内など）……3万人。

また、江戸川区でも、区を訪れる人を「おもてなし」する独自ボランティアを2019年（令和元年）8月20日募集。同月30日時点で応募多数のため締め切った。200人。

私が理事長を務める公益財団法人えどがわボランティアセンターでも、募集情報を発信し、追加募集などがあればそれを出していく。東京大会はボランティア希望者の方が圧倒的に多いようだ。

このように大会にはボランティアが大勢参加している。これを契機にボランティア活動がさらに活発化し、「ボランティア習慣」がのちのちまで「大会レガシー」になっていくことを期待したい。

さまざまな形で大会準備・盛り上げに参加

そのほかの2018年の参画プログラムは次のとおり。第Ⅱ部でふれたものもある。

「やってみよう！パラスポーツ・ボッチャ」（3月、小松川図書館、NPO法人ヒーライト

ねっと連携行事）
「えどがわ～るどフェスティバル２０１８」（同、タワーホール船堀）＝初めて開催した在住外国人との交流イベント。
「青少年の翼」（4月～区内全域）＝青少年の海外派遣、国際交流。
「江戸川総合人生大学公開講座『オリンピック・パラリンピック』と江戸川区」（6月、篠崎文化プラザ）
「現代サッカーと審判――レフェリングができること」（8月、中央図書館）
「葛西海浜公園カヌー体験教室」（9月、葛西海浜公園）
「みんなで楽しもう！パラスポーツ・ボッチャ」（同、小松川図書館）
展示「東京２０２０パラリンピックfor 2Years to Go～知って、感じて、体験しよう！えどがわパラスポーツスタジアム」（9月～12月、篠崎文化プラザ）
「パラスポーツ体験会」（11月、共育プラザ葛西）
また、多くの図書館では、「東京オリンピック・パラリンピックに向けて～おもてなしの接客英語～」（西葛西図書館）とか「日本を英語で紹介しよう」（東葛西図書館）などの会話教室や「写真展『スポーツの世界』」（東葛西図書館）、さらにホストタウンの「オランダってどんな国?~絵本や暮らしを通して~」(中央図書館)などの展示が行われた。子ども会のまちの美化運動なども公認プログラムとして実施されたものもある。

参画プログラムには前述のようにさまざまなテーマがあるから、一見オリ・パラ関連行事とは見えないものもある。

東京2020大会まであと1年の2019年には——、

「やってみよう! はじめての手話~東京2020大会に向けて~」(1月、松江図書館)

「えどがわ~るどフェスティバル2019」(同、タワーホール船堀)

「オランダチーズを極める」(同、小松川図書館)

講演会「未来へ残す えどがわ伝統『投網』の技」(3月、東部図書館)

また、「江戸川区少年少女合唱団 第32回定期演奏会」(3月、タワーホール船堀)や小松川図書館の「館長歴史講座 室町時代の天皇家を知る~斜陽の朝廷を支えた主宰者たち~」なども、「文化」プログラムとして認定を受け、東京2020大会を迎える盛り上げイベントとして実施されているので、区民は、意識しているか否かに関わらず、多くの大会向けのイベントに参加しているはずだ。

ＰＲキャラバンやタワーホールのライトアップ

大会が近づくにつれ、「江戸川区から盛り上がろう！」と、区独自のさまざまな取り組みも行われてきた。たとえば区内の各種イベント会場に出向いて機運盛り上げを行う「ＰＲキャラバン」。第Ⅱ部で紹介した「カヌーのまち」をめざす「レガシーづくり」への理解を広めながら大会機運を盛り上げる取り組みでは、さまざまな機器を用いてデモンストレーションと疑似体験。パラリンピックを深く知ってもらうＰＲではボッチャや視覚障害者が対象のゴールボールなどのパラスポーツの体験コーナーなどが人気を集めた。

春のＰＲキャラバンは「新川千本桜まつり」や「旧中川ボートフェスティバル」、「花の祭典～フラワーフェスティバル」（鹿骨スポーツ広場）へ。また、江戸川区が誇る区民まつり（篠崎公園）、あるいは陸上競技場やスポーツセンターなどで実施されているさまざまな大会、イベントや学校の文化祭など、年間を通して、各地域で開かれるイベント会場などにＰＲ用ブースを出して、東京大会への参加意識や機運の盛り上げなどを行っている。

これらのイベントが多く開催されているタワーホール船堀は、江戸川区のシンボル、ランドマークといえる。そのタワーを２０１８年に「２年前イベント」として大会開催予定期間に合わせてオリ・パラのシンボルカラーにライトアップした。これはタワーホールだけでなく、都庁（第一本庁舎）、東京タワー、NTTドコモ代々木ビル、五稜郭タワー（函館市）、いわて県民情報交流センター、横浜マリンタワー、京都タワー、丸岡城（福井県坂井市）、福岡タワーなど全国12ヵ所の施設が協力して一斉に行ったカウントダウン・イベント。期間は、それぞれの大会開催日に合わせてオリンピック・カラー（7月24日～8月9日　青、黄、緑、赤、黒）、パラリンピック・カラー（8月25日～9月6日　赤、青、緑）が点灯された。

このライトアップは2019年3月～4月には、500日前イベントして実施された。前年同様に夜景を彩り、大会機運の盛り上げに一役買っている。

日本代表が一足先に大活躍して日本中を沸かせたラグビーの2019ワールドカップでも、大会期間中の9月～10月、代表カラーの白と赤にライトアップした。

「ラムサール条約」湿地のごみ拾いをスポーツに！

2019年3月、全国各地を回ったフラッグツアーの幕が下り、大会まであと500日、1年余となり、大会準備も第3コーナーを回り、ムード盛り上げに加えて、競技日程の決定や入場チケットの申込受付などで大会も一挙に具体化されていく段階に入った。

江戸川区でも、さらにさまざまな取り組みを実施。そのなかのひとつに「スポGO《ご》MI《み》大会in葛西」と銘打ったイベントがある。

これはカヌー・スラローム競技会場になるスラロームセンターの目の前に広がる「ラムサール条約」湿地に登録された葛西海浜公園の西なぎさで行われた、ごみ拾いをスポーツに仕立てたユニークな大会で、26チームの１０１名が参加して熱戦を繰り広げた。ルールは、あらかじめ定められたエリアで、制限時間内にチーム対抗でごみを拾い、そのごみの量と質でポイントを競うもの。当日は景品も用意され、それぞれのチームが、チームワークを発揮して、浜辺のごみを懸命に拾った。

生物多様性やその自然環境を守るための登録湿地である。一見、きれいな海、浜辺のようでも、スポーツ・ゲーム形式とはいえ、実際に歩いて点検してみると、世界的に「海洋プラスチック汚染」が大きな問題になっているとおりで、大小のプラスチックごみが浮いていたり、砂地から顔を見せていたりで参加者を驚かせたようだ。

大会は、都と都環境公社の主催、江戸川区等の協力という形で実施され、原田義昭環境相や都の和賀井克夫環境局長、そして多田江戸川区長（いずれも当時）も特別チームを編成して競技に参加した。

ラムサール条約の湿地登録は、オリンピック・パラリンピックとは直接関係はないが、やはり大会を控えた時期の東京初の登録であり、しかもスラロームセンターの目の前に広がる干潟だ。大会前に区民、都民の環境保護の意識を高めるためにも、それをよき大会レガシーにするためにも、地に足のついた500日前イベントになったといえる。
当日は「海のごみ問題や干潟の生物多様性を考える」講義や「干潟の生物」に関するレクチャーなども行われた。

データ&メモ

「賢い利用」も訴えるラムサール条約

1971年にイランのラムサールで開かれた国際会議で採択された条約。通称、国際湿地条約。正式名は「特に水鳥の生息地として国際的に重要な湿地に関する条約」。日本は1980年（昭和55年）に加入。釧路湿原が国内最初の登録。多様な生態系を持つ湿地を保全することが目的。湿地の「保全・再生」と「ワイズユース（賢い利用）」、これらを促進する「交流、学習」の3つが条約の基盤となる考えで、水鳥の生息地としてだけでなく、人びとの生活を支える重要な生態系として湿地の保全・再生を呼びかける。

２０１８年（平成30年）10月、江戸川区の葛西海浜公園の日本有数の野鳥の飛来地、海洋生物の宝庫といえる湿地３６７haが都内で初めてこの「ラムサール条約湿地」に登録された。荒川と旧江戸川の河口に広がる葛西海浜公園。準絶滅危惧種のトビハゼや二枚貝類、甲殻類など多種多様な生物が生息し、毎年１２０種以上の鳥類が確認され、スズガモが２万羽以上飛来する。海浜公園と橋でつながる陸上側の葛西臨海公園には「鳥類園」が設けられ、広大な森の中には淡水池と汽水池があり、野鳥観察のための施設が点在する。

この臨海公園の隣接地に設けられたのが、カヌー・スラロームセンター。

2 迎える大会、そして大会後

オリ・パラ区民連絡会と聖火リレー

オリンピック・パラリンピックといった大きなイベントを成功させるためには、やはり官民の協力体制、それによるしっかりした情報の伝達、交換、準備体制の点検・整備などが不可欠だ。そのため区では、大会を3年後に控えた2017年(平成29年)、区内のさまざまな団体、組織が集まり、オリンピック・パラリンピック区民連絡会を結成した。

メンバーには、各連合町会や自治会連合会、地区協議会、それに体育会やスポーツ推進委員会、小・中学校の校長会やPTA連合協議会、さらに商工会議所や法人会、青年会議所、医師会、歯科医師会、薬剤師会などの団体の会長や理事長、それに警察や消防の署長、議会の議長に区長など56団体・機関のトップが集まった。筆者も、区文化会会長、福祉ボランティア団体協議会の会長としてメンバーに名を連ねている。

東京大会の準備に関する情報の共有や地域の自主的な取り組みを推進することが会の目的

だ。特にカヌー・スラローム競技が区内で行われることや聖火リレー、あるいは区陸上競技場が大会の公式練習会場になることから、これらの対応や課題、対策、その準備などを確認したり、メンバーの団体が対応するべきことを検討、確認したり、要望などがあればまとめたりする場といえる。

聖火リレーについては、区や区民としての要望などが出され、区議会が討議して聖火リレーのルート等に関する意見書をまとめて都に提出している。

聖火リレーは、都が組織委員会に積極的に働きかけて、割り当て日を当初予定の10日間から15日間に拡大されたが、区議会が出した要望は、「聖火リレーの都内ルートは、23区すべてを通るルートとすること」「各区内における聖火リレーのルート選定やランナー人選は、23区それぞれの特色を踏まえるなど、各区と事前に調整を行うこと」というもの。もちろん、すべての地域を通るルートにしてほしいとの要望は、江戸川区だけでなく多くの区市町村から出された。

その結果、後述するように東京23区だけでなく全62市区町村を通ることになった。

若者が未来を描く「えどがわ江戸際会議」

江戸川区では、東京大会を、区をさらに元気で楽しいまちにする絶好のチャンスととらえ、その主役となる若者を集め、どんなまちにしていきたいか、そのアイデアを出し合う「えどがわ江戸際会議《えどぎわ》」を開催した。主催は区のオリンピック・パラリンピック推進担当課で、２０１８年（平成30年）４月から６月まで計８回の講演会や座談会、検討会などを開き、最終回で、それらのアイデア発表会を開いた。

会議メンバーは16歳から30歳までの若者30人で、第１回の「講演・オリエンテーション」（タワーホール船堀）に始まり、第２回が実際に体験をしながらアイデアを出し合う「カヌー体験教室」（新田コミュニティ会館）、そして第３回〜第７回（タワーホール船堀）で、各種の講演、座談、アイデア検討会などが開かれ、第８回の「まとめ・発表」（総合文化センター）となった。

講演会では地元の先輩が講師となった。第３回は江戸時代からつづく江戸花火の「宗家花火鍵屋《かぎや》」15代目当主・天野安喜子さん。日本最大の観客動員数を誇る江戸川区花火大会をプロデュース。花火を総合芸術にするために芸術学博士にもなっている。オリンピック競技の柔道でも活躍。福岡国際女子柔道選手権大会（１９８６年）では銅メダルを獲得し、２００７年の北京オリンピックでは、日本人女性で初の柔道競技の審判員を務めた。その天野さんの「日々チャレンジ！」との講演には若者も感銘、共感するところが多かったのではないだろうか。

第４回の講師は、前出の日本のバリアフリー観光情報を世界に発信しているカナダ出身のグリズデイル・バリージョシュアさん。車いす生活を送りながら、バリアフリー情報を自らの目で確認しながら世界の障害者に発信している。そのポジティブな姿勢、活動からは若者たちも多くのものを得たようだ。

このような講演に加え、区の担当者から、東京大会に向けた区のさまざまな取り組みなどを聞き、意見交換を行い、さらにテーマ別に5チームに編成し、それぞれにアイデアをまとめて発表するという段取りになった。

その6月（最終第8回）の発表会では、区長や区の幹部職員などの前で、これまでの会議の内容を集大成したアイデアが発表された。その概要は――。

・Ｎｏ Ｂｏｒｄｅｒ☆ｄｅ☆共生社会～ｗａｌｋ ｉｎ Ｅｄｏｇａｗａ――「共生社会のまちづくり」をテーマに若者・高齢者・障害者・外国人との間にあるさまざまな壁を取り払う企画として若者主体の「ウォーキングイベントの開催」や「江戸川あいさつデーの創設」など。

・ｌｉｔｔｌｅ ＥＤＯＧＡＷＡ――「共生社会」をキーワードに、外国人に抱いている偏見や無関心という壁を取り払うためのザイオンス効果（接する回数が増えるほど、その対象に対して好印象を持つようになるという効果）を用いるさまざまな提案。
・若者タウンミーティング――「〝若力《わかぢから》〟みなぎる街」をテーマに江戸川区の区政に参画したい志ある若者を集め、任意団体「若者タウンＭＴＧ」を設立、よりよい江戸川区をめざす。
・今の時代だからこそできるＳＮＳ！――「魅力に溢れ 多くの人が訪れる街」をテーマに、「情報拡散力のある若者」と「世界的に情報を発信できる外国人」にターゲットを絞り、それぞれにあったＳＮＳの展開方法を提案。
・区民が誇りを持ち、訪れる人が憧れる江戸川区の実現――「魅力あふれる、人の集まる街」をめざし、江戸川区で行われるオリンピック競技の「カヌー」と「若者」に焦点を当てて、カヌーのミスコン実施やカヌーカフェの運営など、若者ならではのアイデアを提案。
このようにさまざまな壁を取り払う「共生社会」の実現やＳＮＳやカヌーを活用したまちづくりなどが提示された。「若者が目指す未来の江戸川区に対する熱い思いが語られました」と区ホームページの「区政情報」が伝えている。そして、「提案されたアイデアは今後区政運営の参考にするとともに、実現可能性について検討していきます。またアイデアの中には、参加メンバー自ら団体を結成し、実現に向けて主体的に取り組んでいくという、とても力強い提案がありました。今回の参加メンバーを中心に輪が広がっていくことで、江戸川区が更に活力あふれる街になると確信しております。若者たちの今後の活動に乞うご期待」とも書かれている。

若者がまちづくりで主役になるような場面はなかなか見られないのが現実だけに、これを第1歩に、さらに挑戦と検証を繰り返しながら「若者主役のまちづくり」を大会レガシーにするほどにしていってほしいと思う。

チャレンジデーで運動習慣と参加意識を高める

「住民総参加で運動・スポーツにチャレンジ！」と謳われているのが、毎年5月の最終水曜日に世界で行われている住民参加型のスポーツ交流イベント「チャレンジデー」だ。江戸川区では、東京2020大会の機運盛り上げや区民の参加意識を高めるイベントとしても熱心に取り組まれている。

このチャレンジデーは、カナダ発祥の自治体間の競争・交流イベントで、日本では公益財団法人笹川スポーツ財団がコーディネート役となり全国自治体に普及を図っている。

競技は、人口規模がほぼ同じ自治体同士で、その日の午前0時から午後9時までの間に15分以上つづけてスポーツや運動に参加した住民の数（参加率）を競い合うというもの。住民がこのイベントへの参加をきっかけに日常的に運動やスポーツに親しみ、健康に暮らせるようにする、それによって活力あるまちにしていこうというのが目的だ。そこで行われる運動、スポーツは、ラジオ体操でも通勤通学の自転車、サイクリング、あるいは犬の散歩やウォーキングなど、体を動かすものなら何でも可。ハードルは低い。ただ15分以上つづけ、報告することが必要で、それがカウントされる。

平日に行われるので、通勤や通学電車をいつもより1駅か2駅早く降りて歩くのでもよい。すでに参加、経験した人も多いと思う。

江戸川区は２０１７年（平成29年）から参加、実施している。本書編集スタッフの１人は、自転車でイベント会場などを見て回り、それをサイクリング時間として報告しているという。区ではチャレンジデーを盛り上げ、区内どこでも参加して運動できるように、その日、各所でさまざまなイベントを行っているのだ。

陸上競技場ではオープニングセレモニーや「3世代」が集う大運動会など（悪天候で野外イベント中止の年も）。鈴木大地スポーツ庁長官が参加した年もある。総合体育館では「らくらくスポーツチャレンジ」と謳ってバスケットボールやバレーボール、バドミントンなどとともに、フラメンコやフラダンスなどのダンスやストレッチ、健康つぼ体操、ボッチャなどのパラスポーツやニュースポーツ体験コーナーなどの教室。球場では元プロ野球選手などと一緒に運動をしたり、新左近川親水公園カヌー場でカヌー体験をしたり、さまざまなイベント企画が組まれている。

大半の運動・スポーツ施設がさまざまなイベントや無料開放を行うだけでなく、タワーホール船堀では、「展望タワーにチャレンジ！」という階段上りが人気だ。盆踊りなども行われる。グリーンパレスでは「みんなで踊ろう東京五輪音頭」や「フラとラテンと盆踊り」のイベント。総合文化センターでも芝生広場で健康ウォーキング教室などが開かれている。

図書館でも、「徒歩や自転車で図書館へ」といったイベントを行っているところがある。ウォーキングなら「緑道を歩こう」など各地でさまざまな形で実施されている。

小・中学校では全校生徒が参加する運動を行ったり、商店街、事業所などが揃って取り組んだり。商業施設でも協力、参加して、楽しく運動できるイベントを実施しているところがある。

このように取り組んだ結果、自治体間の競争では、初参加の２０１７年が山口県下関市、秋田県秋田市と対戦し、江戸川区は総人口約69万人に対して参加者約32万人、参加率46・9％を記録。秋田市（参加率38・6％、参加人数約12万人）に勝利。下関市にはわずか0・4％及ばず惜敗した。

この大会には、敗れた自治体が「対戦自治体の市町村旗を1週間、庁舎のメインポールに掲揚して相手に敬意を表する」というルールがあり、区役所本庁舎屋上の掲揚台には、下関市の旗が日の丸、江戸川区旗とともに掲げられ、屋上に1週間翻っていた（同年が3回目のチャレンジだった秋田市の健闘にも敬意を表して同市旗も掲げられた）。

翌2018年、下関市（人口約27万人）と再戦。参加率51％まで伸ばしたが、同市はさらに68・7％（参加人数約18万人）まで引き上げたためにリベンジならず、完敗。再び、同市旗を掲揚することになった。

だが、このときの江戸川区の参加人数35万人は、同年参加した全国121自治体（58市1区49町13村）中のトップだっただけでなく、チャレンジデーが日本で始められた1993年（平成5年）以降、最多参加者数を記録した。そのため主催団体の笹川スポーツ財団から、「『地域力』を生かし、積極的に広報活動を行って史上最多の参加者数を達成した」と「特別賞」を贈られた。

さらに2019年には、舞台を世界に移して「ワールドチャレンジデー」として海外の自治体と参加率を競った。対戦相手は、ブラジル北東部のセルジペ州の州都アラカジュ市（人口約57万人）。2016年のリオ・オリンピックでは、日本サッカーと体操女子代表の事前合宿地にもなった市だ。もちろんブラジルには日系人も多いし、江戸川区には毎年7月の「小岩あさがお市」で行われる人気のサンバカーニバルがある。区内在住のブラジル人も少なくない（約170人）。

そのブラジルのアラカジュ市との勝負は、当日の午前中、雨にたたられ、野外のオープニングセレモニーなどは中止になったものの参加率46・78％、参加者約33万人で圧勝した。アラカジュ市は参加率25・51％、参加者約15万人だった。

しかも江戸川区のこの成績は、ワールドチャレンジデーに参加した自治体中1位の参加者数で、参加率でも「カテゴリー4（人口25万人以上100万人未満）」の8自治体のトップになった。そのため「ワールドチャレンジデー」を主催する国際スポーツ・フォー・オール協会から勝利賞と「ワールドチャレンジデーカップ」（賞状）が贈られ、笹川スポーツ財団からは「金メダル」が贈呈された。

チャレンジデーは他の自治体との競争でモチベーションを高めるが、目的はあくまでも区民・住民のスポーツ・運動に親しむ習慣付けであり、そのきっかけづくり。江戸川区では、東京大会の機運盛り上げと相まって多くの区民が参加して、運動・スポーツを見直し楽しむイベントとして定着しつつある。これもオリ・パラ大会のレガシーのひとつということになる。

チュニジア共和国のパラチームが事前合宿

オランダのホストタウンになっている江戸川区だが、2019年（令和元年）7月には、チュニジア共和国パラリンピック委員会と事前キャンプの覚書を締結している。

チュニジアは、北アフリカの人口約1100万人、日本の4割ほどの面積の国。北東部は地中海に面し（対岸の北東がイタリア）、南部にはサハラ砂漠が広がる。さまざまな気候や自然を有し、カルタゴ、ローマなど紀元前からの古い歴史でも知られる。電子機器等の製造業やオリーブ等の農業、観光業が盛んで、沿岸周辺の都市部を中心に経済成長をつづけている。首都チュニス。言葉はアラビア語（公用語）とフランス語（広く用いられている）。イスラームが国教（大多数がスンニ派）。

前回の2016年のリオ・パラリンピックでは、このチュニジアの代表選手が大活躍をして、男女合わせて19個のメダルを獲得して話題になった。

そのパラリンピック選手団が、本大会直前の２０２０年８月に江戸川区内で事前キャンプを行う。覚書では、その事前キャンプを実施する際の区による練習施設の提供や交流プログラムへの参加、協力などが定められている。

区は広報で、チュニジア共和国パラリンピック委員会のモハメッド・ムズギ会長と斉藤区長による調印式の模様を報告し、「このようなご縁をいただいたことは、たいへん光栄です。区としてもできる限り協力をしていきます」との斉藤区長のコメントを載せている。

なお、チュニジアは、宮城県石巻市が「復興『ありがとう』ホストタウン」になっている。同ホストタウンは、東日本大震災で被災した東北３県の自治体が対象。震災の際に支援をしてくれた国や地域の人を招いたり、復興の姿を発信したりして、住民交流を進めるきっかけになるように、政府が東京大会を前に創設した。

チュニジアは震災時、大使館職員が石巻市に炊き出しに駆け付けるとともに、支援物資や義援金を同市に贈っていたという。

また、茨城県神栖市も、同国とのオリ・パラ大会の事前キャンプに関する基本合意書を締結して、「オリンピックが茨城・ＫＡＳＨＩＭＡにやってくる！」と、チュニジア来訪のＰＲや機運醸成の取り組みを行っている。

みんなで歌い、作り、オリ・パラを盛り上げよう

江戸川区では、以上のほかにも大会の機運盛り上げや参加意識を高めるためのさまざまな取り組みが行われている。そのいくつか列挙しておきたい。

・江戸川区歌4番

東京2020大会の5年前の2015年（平成27年）、区では3番までの江戸川区歌に「オリンピック・パラリンピック」や「スポーツ」「健康」をテーマとする4番を付けることを決めて歌詞を募集。翌年1月、応募総数878点中から葛西第二中学校3年1組6班（5名）の作品を選び、新年賀詞交歓会で披露した。

江戸川区歌は、前回の東京オリンピックの翌1965年（昭和40年）9月に制定された。区の環境や、まち、住民の特長などを織り込んだ歌詞で、さまざまな機会に歌われている。今回選ばれた区歌4番は東京大会までの期間限定で使用する、いわば大会や大会参加者の応援歌だ。区の広報によると、作詞した葛西二中の生徒たちは、国語の授業で作詞に取り組み、「若い力が活躍してほしいという願いを込めました。この歌を通して、大会を応援する気持ちや、

みんなが努力をして頑張ろうという想いで、区全体の気運が高まってほしいと思います」とのコメントが添えられていたという。

歌詞は広報紙や区役所内などに掲示。その後の東京大会に向けた取り組みをはじめ、さまざまな式典、イベントで合唱されている。とうぜん何度か歌ったことのある人が多いと思う。

・おもてなし配信「ＥＤＯＧＡＷＡ美味《うま》ＮＡＶＩ」

大会によってさらに増えると見込まれる訪日観光客に対して、区は２０１６年（平成28年）10月から、区内のいわゆる「うまいもの店」を多言語（日本語、英語）で紹介する動画を制作、動画配信サイトのＹｏｕＴｕｂｅなどで配信している。リポーターは「山形弁」でおなじみのタレントのダニエル・カールさん。山形は、鶴岡市が区の姉妹都市であるし、筆者の世代は戦時中、鶴岡やその周辺地域に学童疎開をしていたこともあり、山形弁に親しみや懐かしさを感じる区民も少なくないと思う。

カールさんは、区内のさまざまな食の名店、人気店を訪ね、店主と掛け合いをしながら、店の特徴やメニュー、雰囲気、そして町の紹介などをする。日本語のやりとりには英語の字幕、カールさんの英語の説明には日本語字幕をつけ、店や町の魅力を内外に向けて発信している。

5分番組で、「J：COMチャンネル東京」（地上デジタル11ch）でも放送している。

カールさんの外国人の目と長い在日経験にもとづく知識、関心が入り混じった独特の視点によるレポート。すでに3年以上で100店を軽く超える店が紹介されている。なかには「駄菓子屋はるちゃん」（大杉1丁目、玉コンニャクなどを売る店や食堂も併設）のようなユニークな店も含まれている。

区の産業振興課の制作（放送分は区のホームページから見ることもできる）。区民や都民が、グルメ情報として、あるいは英語に慣れるために見ても役立ち、楽しめる内容になっているのではないだろうか。

海外を含む内外への情報の発信は今後ますます重要になる。インターネット、スマートフォンの普及などで、それが容易にできる環境にもある。もちろん区の制作だけに、さまざまな面からの検証は必要だが、今後も区の見どころや魅力を世界に向けて何らかの形で発信していくことが、よき大会レガシーになっていけばいいと思う。

・花とアートプランターで歓迎

大会では区内にも多くの観戦・観光客が訪れる。そのときに子どもたちが地元の魅力を描いたアートプランターと花でお客さんを迎えようと、区では小学生から高校生までを対象に「みんなのアートプランターコンクール」を行った。２０１９年（平成31年）３月、応募作品６３２点から選ばれた20点の入賞作品展を開いた後、その作品をアルミ合板のプレートに印刷して20基のアートプランターに取り付け、花を植えて、カヌー・スラローム会場の最寄り駅である葛西臨海公園駅前に設置した。すでにご覧になっている人もいると思う。

描かれたアートは金魚や小松菜などの区の特産品、葛西臨海公園や桜並木などの風景。子どもたちの目に映る区の魅力的光景や印象などが描かれている。

花の植付けは、コンクール受賞者や南葛西第三小学校の生徒たちが行っている。同校の生徒たちは、その後もボランティアとして花壇の世話をしていくという。

子どもたちも、このような作品づくりや花壇の世話、あるいは学校におけるさまざまな取組みによって、わがまちで行われるオリ・パラ大会の準備や機運の盛り上げに参加している（学校ではさらに多くの参加イベントが実施されている）。

・銭湯でピントレーディング

機運盛り上げの異色のイベントのひとつに江戸川区の銭湯（東京都公衆浴場業生活衛生同業

組合江戸川支部）が行っている「ピンバッジのトレーディング会」がある。

銭湯は減少傾向にあるとはいえ、区内には昭和の面影を残す伝統的なものから温泉やサウナ付き、薬湯やさまざまな設備に工夫を凝らしたものなど、多様な銭湯が踏みとどまり、そして賑わいも見せている。日本の伝統文化として訪日外国人客に注目されることもある。

そんな銭湯の「第二寿湯」（江戸川1丁目）で、東京大会の盛り上がりを先取りして2016年から開かれているのが「ピンバッジのトレーディング会」だ。海外で特に人気が高い会だけに外国人にも日本の文化である銭湯に親しんでもらおうと企画したという。

ピンバッジは、服や帽子、バッグなどにつける裏に針（ピン）が突き出ているバッジのこと（海外ではピンズと呼ばれて親しまれているようだ）。大きなイベントなどでオリジナルグッズとして作られることが多い。コレクターが、それを持ち寄って交換し合ったり思い出話を含めて情報交換をしたりするのが「トレーディング会」だ。

ピン・コレクターには、オリンピックやサッカーのW杯などのもの、ディズニーはじめさまざまなキャラクターのピンなど、いろいろなジャンルのコレクターがいるようだが、トレーディング会が最初に大きなブームになったのは1984年のロサンゼルス・オリンピックのときだったという（それ以前は個別に各国の参加選手や関係者が友好の証などとしてピンを交換し合っていたようだ）。

日本でも1998年の冬季長野大会や2002年のサッカーW杯日韓大会で関心、認知度が高まり、多くのファンを生んで各地でトレーディング会が開かれるようになったという。

2019年10月には4回目のトレーディング会が「銭湯でピンとれFESTIVAL！」と銘打って開かれた。第二寿湯の会場では、脱衣所の男湯と女湯の仕切りを取り払い、ピントレードのほか、コレクターのコレクションの展示・販売、さらに富士山の絵でおなじみの銭湯ペンキ絵師の田中みずきさんによるライブペインティングなどの催しも行われ、銭湯ファンやピン・コレクターなどで賑わった。

被災地から聖火リレー、江戸川区は開会式の4日前

オリンピック・パラリンピックの準備、盛り上げの最大のハイライトは、開会式の聖火台の点火につながる聖火リレーだろう。開催地ならではの大イベントといえる。

東京2020組織委員会によると、聖火リレーは2020年（令和2年）3月26日から7月24日の開会式まで、4カ月をかけて全47都道府県を巡る。開催都市の東京都が前述のように最長15日間。東日本大震災で被災した岩手、宮城、福島3県と競技会場が複数ある千葉、埼玉、

神奈川、静岡の4県は各3日間かけ、他の39道府県は2日間で回る。

スタートは、東日本大震災から10年目にあたる2020年3月。大会理念である「復興五輪」を打ち出すため、福島県が出発地になる（リレー直前の3月20日～25日、宮城、岩手、福島の被災3県で2日間ずつ、ギリシャで採火し、日本に渡ってきた聖火をいち早く「復興の火」として展示、披露）。

出発のセレモニーは、東京電力福島第1原発事故の直後、事故対応の前線基地になっていた「Jヴィレッジ」（楢葉町、広野町）で行われる。1997年（平成9年）にオープンした日本初のサッカー・ナショナルトレーニングセンターだ。2019年4月に再び緑のグラウンドに戻されて全面再開している。

聖火は、「Jヴィレッジ」から、野球・ソフトボール会場がある福島市や被災地を中心に福島県内を3日かけて巡回して世界に「復興」をアピールするという。聖火リレーの最初のランナーに選ばれたのは、2011年（東日本大震災が発生した年）のサッカー女子ワールドカップ（W杯）ドイツ大会で優勝した日本代表「なでしこジャパン」のメンバー。

その後、栃木、群馬、長野、岐阜、愛知…と回り、列島の太平洋側を進んで阪神大震災の兵庫県から四国、九州を経て沖縄に渡る。糸満市の平和祈念公園などで「平和の祭典」としてのオリンピックの意義を確認して折り返し、九州に戻って熊本地震の被災地や長崎市の平和公園などを回り、本州に戻り、日本海側を北上する。山陰、北陸、東北へ。そして青森から北海道に渡って巡回後、東日本大震災の被災地に戻り、岩手県の被災沿岸市町村を巡る。つづく宮城県では大震災直後、多くの江戸川区職員が支援に派遣され、筆者などもその激励や実情調査に何度も訪れた気仙沼市などを回り、杜《もり》の都・仙台市に入る。次は海路で静岡に渡り、山梨、神奈川、千葉、埼玉を回って最終の東京に入るというコースだ。

聖火ランナーが都内を走るのは7月10〜24日の15日間。前述のように離島も含めて全62区市町村を聖火でつなぐ。そのスタートは、前回の東京1964大会でサッカー競技などが行われた駒沢オリンピック公園（世田谷区・目黒区）の中央広場。前半の7月17日までは、主に多摩地域と島嶼《とうしょ》地域を回り、後半の7月18日から最終日までは区部をリレーする。

江戸川区に聖火が入るのは東京11日目の7月20日、開会式の4日前だ。前日の日曜日には豊島・板橋・北区を巡り、足立区の東京都中央卸売市場足立市場が聖火到着を祝うイベント開催場「セレブレーション会場」になる。聖火ランナーが会場に運んできた聖火を聖火皿に灯すセレモニーとともに、さまざまなイベントによって聖火到着を祝う。

その翌日の月曜日、聖火は足立区を出て葛飾区を巡り、そしてわが江戸川区に入る。区の聖火リレーは、「FMえどがわ」ラジオ局の前（南小岩7丁目）からスタートする。聖火はここには葛飾区の終点・奥戸総合スポーツセンター体育館前から車で運ばれてくる（区と区の間は車両移動）。区内は南小岩から中央に向かい、区役所前を通ってタワーホールをめざして船堀街道を南下、船堀駅北口広場が到着地となる（そこから車で次の墨田区の出発点、隅田公園に運ばれる）。

聖火が区内を通るのは北半分とはいえ、1964大会（別項参照）よりは、ずいぶん長い距離を走る。

聖火はその後、浅草（台東区）や銀座（中央区）、競技会場の多く集まる江東区や六本木（港区）などを走り抜け、開会式当日の7月24日（金）に都庁に到着。そして新国立競技場へ運ばれ、聖火台に点火される。

組織委員会によると、聖火リレーは全国1741市区町村の約半数にあたる857市区町村を約1万人のランナーでつなぐ。都内を走るランナーは、その1割強の1200〜1350人になるという。

聖火ランナーは3人1組で200mずつ走るのを基本にリレーする。ランナーは地元ゆかりの著名人やさまざまな分野の功労者や自薦他薦の多くの人が選ばれている。この点でも前回大会とはずいぶん異なる。この聖火ランナーや関係者はもちろん、警備やさまざまなボランティア、沿道やセレモニー会場で声援、拍手を送る人たちも、みな重要な大会盛り上げの参加者ということになる。

また、真夏の聖火リレーだけに、札幌にコース変更されたマラソン同様、沿道で声援を送るのにも、交通規制などへの対応だけでなく、健康、安全面での注意、準備などの対策が不可欠だ。安全でスムーズな聖火リレーが行われるように、それぞれが情報を収集、点検して考え、対処する。それも協力、参加のひとつの形になるのではないか。

大会開催中も同じだ。天候、交通事情など、かなり厳しい大会になることは間違いない。

また、パラリンピックの聖火リレーは、オリンピックの閉会式（8月9日）の4日後、選手村の閉村日（同月13日）からパラリンピックの開会式（8月25日）まで行われる。オリンピックの熱気と興奮をパラリンピックにつなぐスケジュールともいう。

ただ、オリンピックとは異なり、聖火のリレーが実際に行われるのは、東京と競技が実施される静岡、千葉、埼玉の4都県のみ。ほかの43道府県は、それぞれパラリンピック聖火の元となる火を各所で採る「採火」やその火を集める「集火」、そして東京で開催される「全国集火式」へ聖火を送り出す「出立式」（これらを「聖火フェスティバル」と総称）を実施する（8

月13日〜17日）。

東京を含む47都道府県で採火された火を8月21日夜、東京で一つに統合する「集火式」を行い、翌22日（土）〜25日（火）、都内で聖火リレーを実施する。そのコースは、都庁のある新宿の高層ビル街からスタートし、新宿区→中野区→豊島区→北区→文京区を回るコースになっている。江戸川区は通らない。

データ&メモ

1964年の聖火リレー

前回東京大会の聖火リレーは開会式3日前の昭和39年（1964年）10月7日に江戸川区を通過した。聖火は、市川橋東詰で千葉県市川市から引き継いで（トーチの受け渡し役は当時の中里喜一区長）、都内を初めて走る聖火は、蔵前橋通り、奥戸街道を進み、奥戸新橋西詰で次の葛飾区に渡された。計約2・8㎞。区の北部を横切るだけのコースだった。

聖火ランナーは、第1区間（市川橋から柴又街道入口までの1・3㎞）の正走者が小松川高校3年・小川繁春さん。トーチを掲げて走り出すと、その後ろに副走者2人、随走者20人がそれぞれの手に五輪の小旗を掲げてつづいた。第2区間（奥戸新橋までの1・5㎞）の正走者は江戸川高校2年・高橋紳さん。やはり副走者、随走者が小旗を手に整然とつづき走り抜いた。前回はこのような編成で実施された。

トップ選手が見られるか——区陸上競技場が公式練習会場に

江戸川区民には、区内でカヌー・スラローム競技が行われるだけでなく、区陸上競技場がオリンピック・パラリンピック大会の公式練習会場になっている点も、幸運なことといっていいだろう。

オリンピック開会式（7月24日）の10日前7月14日からパラリンピック閉会式の9月6日まで公式練習場として使われる。この間、区民の通常の施設利用や入場は制限される。一方、世界のトップアスリートが、この競技場で調整をする姿を間近で見て応援するチャンスが生まれるかもしれない。

もちろん警備、安全面や選手のコンディション維持などから、さまざまな制約があるはずだから、その情報には十分に注意を払う必要がある。

もちろん地元の競技場なのだから、できればそこで世界のトップアスリートの雄姿や公式練習を行う様子などを見てみたいものだ。練習、調整した選手が、大会で活躍すれば、それが記録、記憶にもなっていく。

陸上競技はとうぜんオリンピック・パラリンピック大会の花形競技で、最多数の選手が出場する。競技種目も、トラック、フィールド、混成（男子近代10種競技、女子7種）、ロードと多種多様だ。

区では、競技場で練習風景を見る機会を与えてほしいと要望を出している。それらがどこまで認められるかを含め、情報には注意を払って、チャンスがあればそれをしっかり活かしていきたいものだ。

沿道で応援、トライアスロン、自転車、パラ・マラソン

オリンピック・パラリンピックともに、観戦チケットを用意（購入）できた人はいいが、「応募したけれど、すべて外れてしまった」「この目で見て雰囲気も体感したかったけれどチケットが買えなかった」という人が少なくない。周りからもこのような声が多く聞こえてくる。では、チケットなしで観戦、応援でき、トップアスリートの息遣いまで感じられる競技は？　といえば、マラソンや競歩、自転車のロードレースやトライアスロンなど、ロードで行われる競技ということになるだろう。

江戸川区内には、それらのコースはない。ただ観戦となると、さほど遠くない浅草や銀座など も走る予定だったオリンピックのマラソンと皇居外苑のコースで熱戦が展開されるはずだった競歩が、暑さ対策として札幌に移ってしまった。

東京で見られるのは、お台場のオリンピック水泳のマラソンスイミング（男女10㎞）とトライアスロン（スイム、バイク、ラン）、武蔵野の森公園（府中市）をスタートして富士スピードウェイ（静岡県駿東郡）をゴールとする自転車のロードレース、そしてオリンピックのマラソンコースを予定どおり走るパラリンピックのマラソンだ。

「鉄人レース」と呼ばれるトライアスロンは、オリンピックの個人（男子・女子）と混合リレー、そしてパラリンピックの個人（男子・女子）の全種目が、お台場海浜公園がスタート・フィニッシュの会場になる。選手は、公園内の海を泳いだ後、バイク（自転車）で、台場、青海、有明地区に設定されたコースを周回。最後のランは商業施設が立ち並ぶ台場地区のコースを周回する（種目によりコースが異なる）。

会場は、東京タワーやレインボーブリッジ、汐留などの高層ビル群を背景とする美しいコースだが、本番1年前のプレ大会でも酷暑に加えて海の水質（汚染）が問題になっている。観客には暑さ対策が大きな課題だ。バイク、ランニングのコースの沿道は多くの人で埋め尽くされ、熱気のなかで身動きも取れないというような事態も予測される。それだけに観戦、応援に出掛ける場合も、事前の情報収集や暑さ対策を万全に行う必要がある。

オリンピックの1カ月後の8月末に行われるパラリンピックのトライアスロンは、バイクが、東京の新名所にもなっている豊洲市場に向かう坂なども組み込んだ周回コースを3周する、より魅力的なコースで、気候面からも、沿道から応援しやすくなることが期待できる。

武蔵野の森公園をスタートして、新旧さまざまな街道を走って富士スピードウェイをゴール地点とする自転車のロードレース。男子の総距離約244km（レース距離約234km、男女ともスタート後10kmはパレード走行）、女子は総距離約147km（レース距離約137km）という長距離で山岳コースも走る標高差大きなレースだ。

レースは、スタート地点から府中市内を巡り、稲城市、多摩市、八王子市から神奈川県の相模原市などを経て山梨県へ。山岳区間ではスカイラインを走り、最高点となる標高1451mの「富士山麓」山岳ポイントを通った後、富士スピードウェイと周辺道路の周回コースを2周。さらに最大斜度20％の三国峠を登り、山中湖の東側を回って富士スピードウェイに戻ってゴール（女子は富士山麓と三国峠のコースを除いて富士スピードウェイでフィニッシュ）。

長い距離を走るだけに観戦、応援する方法もさまざまありそうだ。

計画どおりに東京コースで実施されるパラリンピックのマラソンは、超高速レースとなる「車いすマラソン」（男女）とガイドランナーが伴走する「ブラインドマラソン」（視覚障害者、男女）と男子のみの「上肢障害者マラソン」の3レースが行われる（第Ⅰ部参照）。

オリンピックのマラソンコースは、ＩＯＣの意向で札幌に変更になり、東京からの移行を惜しむ声には、「それまで取り組んできた夏のマラソン対策の投資（遮熱舗装など）がすべて無駄になった」といったものに加え、「マラソンコースは名所巡りのコース。東京の街並み、魅力を世界に発信する絶好の機会だったのに、それが失われた」などの意見がある。しかし、パラ・マラソンは行われるのだ。新国立競技場をスタート・フィニッシュ点にして、浅草雷門、日本橋、銀座、増上寺、東京タワー、皇居外苑など、東京の名所を巡るコースだ。パラリンピックのマラソンは、オリンピックのマラソンの約1カ月後の9月6日（日曜日）、パラリンピック閉会式当日の午前実施される。

その日はオリンピック期間ほどの猛暑ではないと予測されている。これまでの暑さ対策も活かされれば、沿道の応援、観戦もさらにしやすくなっているはずだ（さまざまに取られてきた暑さ対策の評価、検証もできる）。

「東京の街並み、魅力を世界に発信」することも、選手や関係者だけでなく、沿道の観戦者などを含めて、このパラ・マラソンをより盛り上げることで実現できるのではないだろうか。

パラリンピックのマラソンは、さらに注目度が上がったし、より上げなければならない競技になったともいえるようだ。

〈主な参考文献など〉

●文献

「JOAオリンピック小事典2020増補改訂版」　日本オリンピック・アカデミー　メディアパル
「オリンピック・パラリンピックのレガシー」　笹川スポーツ財団（編集発行）
「日本のスポーツとオリンピック・パラリンピックの歴史」　同
「オリンピック・パラリンピック歴史を刻んだ人びと」　同
「オリンピック・レガシー　2020年東京をこう変える！」　間野　義之　ポプラ社
「これがオリンピックだ」　舛本直文　講談社
「オリンピック全大会　増補改訂」　武田　薫　朝日新聞出版
「オリンピック全史」　デイビッド・ゴールドブラット　原書房
「オリンピック大百科」　クリス・オクスレード　あすなろ書房
「スポーツ観戦手帳」　東京書籍 書籍編集部　東京書籍
「スポーツルール2019」　大修館書店編集部　大修館書店
「パラスポーツルールブック」　陶山　哲夫　清水書院
「パラリンピック大百科」　コンデックス情報研究所　清水書院
「今を受け入れ、今を越える。」　土田　和歌子　徳間書店
「身体障がい者スポーツ完全ガイド」　土田　和歌子　東邦出版
「スポーツまちづくりの教科書」　松橋　崇史　青弓社
「〈ニッポン〉のオリンピック」　小路田　泰直　青弓社
「スポーツ哲学入門」　島田　哲夫　論創社
「江戸川区政50年史」　区史編纂室　江戸川区
ほか新聞各紙。

●Webサイト

国際オリンピック委員会 IOC　https://www.olympic.org/
国際パラリンピック委員会 IPC　https://www.paralympic.org/
東京2020組織委員会　https://tokyo2020.org/jp/
日本オリンピック委員会 JOC　https://www.joc.or.jp/olympism/kano/
日本パラリンピック委員会 JPC　http://www.jsad.or.jp/paralympic/

東京都オリンピック・パラリンピック準備局　https://www.2020games.metro.tokyo.jp
スポーツ TOKYO インフォメーション https://www.sports-tokyo-info.metro.tokyo.lg.jp/
笹川スポーツ財団　https://www.ssf.or.jp/
日本財団パラリンピック・サポートセンター　https://www.parasapo.tokyo/paralympi

日本陸上競技連盟　https://www.jaaf.or.jp/
日本水泳連盟　https://www.swim.or.jp/
日本バレーボール協会　https://www.jva.or.jp/
日本カヌー連盟　https://www.canoe.or.jp/
日本ボート協会 https://www.jara.or.jp/
全日本アーチェリー連盟　http://www.archery.or.jp/
日本クレー射撃協会 https://clay-shooting.website/
日本パラ陸上競技連盟　https://jaafd.org/
日本障がい者水泳連盟　https://paraswim.jp/
日本障がい者バドミントン連盟　https://jpbf.jp/
パラ卓球協会（日本肢体不自由者卓球協会）https://jptta.or.jp/
日本車いすフェンシング協会　https://jwfa.jimdofree.com/
日本パワーリフティング協会 https://www.jpa-powerlifting.or.jp/
日本身体障害者アーチェリー連盟　https://nisshinaren.jp/
日本ボッチャ協会　https://japan-boccia.com/
などの各競技団体のサイト及び Facebook 等。

江戸川区　https://www.city.edogawa.tokyo.jp/index.html
（大会取り組み）https://www.city.edogawa.tokyo.jp/kuseijoho/keikaku/tokyo2020/index.html
（えどすぽ！）https://www.city.edogawa.tokyo.jp/e028/sports/sports/index.html
（区民ニュース）https://www.city.edogawa.tokyo.jp/
ほかアスリート個人や所属団体・企業の公式Ｗｅｂサイトや Twitter、Facebook なども参考にしました。

著者略歴

小久保晴行（こくぼはるゆき）

1936（昭和11）年、東京都江戸川区生まれ。

パリ大学で美術史を修め、洋画家、評論家、経営学博士（PhD）。2020年2月まで5期20年、江戸川区代表監査委員を務める。

公益財団法人えどがわボランティアセンター理事長、一般財団法人国際江戸川文化福祉財団理事長。社会福祉法人つばき土の会『もぐらの家』理事長。


主著に『生きている台湾』『中国ざっくばらん』『ベトナム人の旅』（以上二〇世紀社）、『毛沢東の捨て子たち』『黄河の水澄まず』（以上世界日報社）、『江青小伝-奔流の女』（白馬出版社）、『見習え華僑の処世術』『華僑の人脈づくり金脈づくり』（以上実業之日本社）、『中国、二つの貌』（河出書房新社）、中国語訳『中国人生意経』（台北・遠流出版公司）、『人の知恵と力をうまく生かす私の方法』（三笠書房）、共著『孫文から李登輝へ』（早稲田出版）、共著『私を変えたことば』（光文社）、『世界の読み方歩き方』『中金持ちへの知恵袋』『地球ビジネス交流術』『ロータリーの四季』『ロータリーと人生』『ふくしの家の物語』『死んでたまるか日本』『地方行政の達人』『いくつになっても各国めぐり』『八代目橘家圓蔵の泣き笑い人情噺』『住んでみたい街づくりの賢人たち』『東京創生―江戸川区の「逆襲」』『されど未来へー「回想七十有余年」と「江戸川区の文化を支える人々」』（以上イースト・プレス）、『地球つかみどり』（長崎出版）。

『小久保晴行著作集』（イースト・プレス）第1巻〜第10巻を刊行。

歌集としては、第1歌集『パリ日乗』から『欧州幻影』『ホームページ』『光陰流水』『地球万華鏡』『日々塞翁が馬』『胡蝶之夢』『生々流転』『香舟之魚』『時空の旅人』『曙光の荒野』（以上短歌新聞社）、『一期一会』『日々の残照』『午後の舟唄』『晩秋の蜃気楼』『北回帰線』（以上現代短歌社）などがある。


現在、ほかに（社）日本経済協会理事、（財）日本ベトナム文化交流協会評議員、（社）日本評論家協会、（社）日本ペンクラブ、（社）日本文藝家協会、（社）日本美術家連盟、（社）日本旅行作家協会、日本歌人クラブ、日本短歌協会各会員。（社）日本外国特派員協会協賛会員。

江戸川区文化会、江戸川区友好団体連絡会、江戸川明るい社会づくりの会、江戸川第九を歌う会各会長。江戸川区短歌連盟顧問、国際ロータリー第2580地区パスト・ガバナーなど。

ホームページ　http://www.h-kokubo.com

人《ひと》が動《うご》く、まちを変《か》える
江戸川区《えどがわく》のオリ・パラ大会《たいかい》とその後《あと》

発 行 日　2020年3月26日　第1刷発行

著　　者　小久保晴行《こくぼはるゆき》

装　　丁　堀江純治（ポンプワークショップ）
装　　画　小久保晴行
D T P　臼田彩穂
編集協力　山本和雄（RRC出版）

発 行 人　北畠夏影
発 行 所　株式会社イースト・プレス
〒101-0051
東京都千代田区神田神保町2-4-7 久月神田ビル
TEL 03-5213-4700　FAX 03-5213-4701
https://www.eastpress.co.jp

印 刷 所　中央精版印刷株式会社

ISBN978-4-7816-1853-1 C0036